银行业信息化年度成果报告
（2018）

李 伟 主编

中国金融出版社

责任编辑：吕　楠
责任校对：孙　蕊
责任印制：程　颖

图书在版编目（CIP）数据

银行业信息化年度成果报告（2018）／李伟主编 . —北京：中国金融出版社，2019. 8
　ISBN 978 - 7 - 5220 - 0204 - 0

　Ⅰ. ①银…　Ⅱ. ①李…　Ⅲ. ①银行业—产业信息化—研究报告—中国—2018　Ⅳ. ①F832. 3

中国版本图书馆 CIP 数据核字（2019）第 156143 号

银行业信息化年度成果报告（2018）
Yinhangye Xinxihua Niandu Chengguo Baogao（2018）

出版
发行　**中国金融出版社**

社址　北京市丰台区益泽路 2 号
市场开发部　（010）63266347，63805472，63439533（传真）
网 上 书 店　http：//www. chinafph. com
　　　　　　（010）63286832，63365686（传真）
读者服务部　（010）66070833，62568380
邮编　100071
经销　新华书店
印刷　保利达印务有限公司
尺寸　169 毫米×239 毫米
印张　9
字数　95 千
版次　2019 年 8 月第 1 版
印次　2019 年 8 月第 1 次印刷
定价　49. 00 元
ISBN 978 - 7 - 5220 - 0204 - 0
如出现印装错误本社负责调换　联系电话(010)63263947

本书编委会

主　　　　编：李　伟

咨询委员会：(按姓氏笔画排序)

编写组组长：邢桂伟

编写组副组长：马　龙　周祥昆

编写组成员：(按姓氏笔画排序)

序

党的十八大以来，我国经济发展进入新常态，经济结构持续调整优化，金融改革深入开展，新兴金融业态快速兴起。银行业又一次迎来了转型的关键时期，需要不断调整经营战略和发展思路，提高金融服务质量，增强风险防控能力，提升国际化、市场化、综合化水平。为此，银行机构不断增强信息科技的技术实力和创新能力，在坚守金融安全底线的同时，运用现代信息技术创新业务模式和管理模式，推动经营转型。银行业信息化正从传统的支持保障角色逐渐转变为引领者和价值创造者，担负起更重要的历史使命。

近年来，遵循"安全发展"的指导思想，银行业信息化工作主要围绕业务连续性、风险管控、IT架构、决策支持、运维管理、产品创新等领域展开，呈现出六大特点：一是重视关键信息基础设施的灾备建设，安全稳定运行实现新突破；二是注重流程改造和管理变革，"科技创新引领业务发展"态势明显；三是紧贴国家和行业发展方向，注重服务于国家战略；四是广泛应用先进技术，出现了一大批基于大数据、云计算、物联网、移动金融等技术的创新成果；五是新兴业态广泛涌现，体现了传统金融与互联网金融融合的趋势；六是贴近地方民生，体现区域特色，地方性金融机构科技创新体系整体效能稳步提高。

安全是发展的基础。习近平总书记在网络安全和信息化工作座谈会上明确指出，金融等领域的关键信息基础设施是经济社会运行的神经中枢，是网络安全的重中之重。面对日益严峻的网络安全形势，银行业围绕信息安全保障工作，积极运用云计算、分布式等技术开展重要系统改造，加强关键信息基础设施的灾备建设，强化生产运维管理，持续提升金融网络安全防护能力，积累了大量具有行业借鉴意义的成功经验。

发展是解决问题的关键。随着互联网经济和信息技术的快速发展，以移动互联、云计算、大数据等为代表的新兴信息技术与银行业务加速融合，银行机构积极运用现代信息技术推动基础服务转型和业务创新，涌现出大量行业优秀成果。一方面，通过改进业务模式、优化服务流程、强化信用管理，不断加大基础金融服务的覆盖面，提升其精准性和便利性，为更好地服务实体经济、发展普惠金融、推动供给侧结构性改革打下基础。另一方面，加强金融产品和服务创新，催生大量新型金融服务需求，全面提升金融服务能力，为社会公众提供更丰富、安全、便捷的金融服务。同时，随着金融科技的发展，积极探索互联网金融服务创新模式，以更加低廉和实惠的成本，快速高效地满足各种金融服务需求，更好地为实体经济发展提供有效的金融支撑。

为及时总结和分享银行信息科技的发展成果，展现其在深化金融体制改革和促进金融服务发展方面带来的经济效益和社会效益，加深社会各界对金融信息化的认知和理解，中国人民银行组织编制出版《银行业信息化年度成果报告（2018）》。本书以具有代表性的年度银行业科技成果为突破点，结合专家点评，总结了银行信息科技一年来的发展成果，展望了技术发展趋势，为将来的金融创新提供参考和借鉴。未来，银行业科技部门将继续努力，应对新的挑战，为中国银行业的改革发展与经营转型提供更强大的技术保障和引领。

前　言

金融是现代经济的核心。党的十九大对决胜全面建成小康社会、夺取新时代中国特色社会主义伟大胜利做出了重大决策部署，强调要"着力加快建设实体经济、科技创新、现代金融、人力资源协同发展的产业体系"，"深化金融体制改革，增强金融服务实体经济能力"。习近平总书记在中共中央政治局集体学习时明确指出"金融是国家重要的核心竞争力"，"金融活，经济活；金融稳，经济稳。经济兴，金融兴；经济强，金融强。"在第五次全国金融工作会议上明确了"服务实体经济、防控金融风险、深化金融改革"金融工作三大任务和"回归本源、优化结构、强化监管、市场导向"四项原则，为中国金融发展改革指明了方向。

数字化时代来临，机遇与挑战并存

金融发展与信息化建设密不可分。特别是当前正处在世界新一轮科技革命和产业变革时期，我国全面推进世界科技强国建设，科技战线多点发力、加速变革，重大科技成果、创新产品井喷式增长，从模仿到超越、从创新到创造、从量变到质变，科技实力持续迈上新台阶。以移动互联网、云计算、大数据、人工智能、物联网、区块链等为代表的新技术应用深刻改变着行业服务业态和经营发展模式。

面对新的机遇与挑战，银行业积极落实国家发展战略，紧跟信息技术高速迭代发展的步伐，在坚守金融安全底线的同时，主动将数字化转型上升为战略和发展的重要突破口，全面推进银行业数字化建设。以金融科技为抓手，聚焦传统金融服务的智能化、网络化、个性化升级，加快新技术的应用探索和创新实践，推动金融服务提质增效，为服务国家战略、发展普惠金融作出贡献，开启新时代银行业数字化发展新篇章。

数说金融科技，银行业信息化成果丰硕

2018年科技发展奖项目成果概览

1项 特等奖		中国建设银行	核心系统建设工程
5项 一等奖		中国银行 票据交易所 中国工商银行 中国农业银行 数字货币研究所	中银集团全额度管控系统 中国票据交易系统 自主创新的全球金融市场后台运营管理及事前控制系统 自主可控大数据平台 法定数字货币模型与参考架构设计
52项 二等奖		中国工商银行 中信银行 招商银行 华夏银行 …… 42家机构	中国工商银行基于大数据的金融风险云服务项目 金融级分布式数据库项目 新一代实时智能反欺诈平台 基于多元化软件定义的私有云平台项目 …… 52项成果
80项 三等奖		广发银行 交通银行 浙商银行 华夏银行 …… 49家机构	移动金融综合服务平台项目 智慧现金项目 增金财富池——个人财富管理"互联网+池化"创新 基于业务模型驱动的一体化全过程开发平台体系建设项目 …… 80项成果

年度信息化建设之 **焦点领域**

数据 ── 服务 ── 客户 ── 风险

年度信息化建设之 **热点趋势**

创新 ── 发展 ── 转型 ── 数字化

年度信息化建设之 **技术热词**

平台 — 数据 — 安全 — 互联网

新技术应用逐步深化	2015	2016	2017	
分布式 distributed	18项	38项	51项	聚焦关键领域 架构转型取得突破
大数据 Big data	15项	41项	48项	激发内生动力 金融大数据资源全面盘活
人工智能 Artificial Intelligence	4项	12项	13项	应用新技术 金融服务模式更加智能
云 cloud	12项	18项	30项	紧跟发展趋势 银行业迈入全面云化时代
区块链 Block chain	0项	0项	4项	探索前沿技术 区块链应用变革传统业务

目　　录

第一章 聚焦关键领域，
提升核心竞争力

近年来，国内银行业各机构已纷纷投入数字化转型，积极开展基础性与原创性技术研究，瞄准企业架构转型、关键底层技术、行业短板和金融基础设施等领域，坚持自主研发，不断提升关键核心技术能力，为全面推进银行业数字化转型打好技术基础。

第一节 打造新一代核心，架构转型取得突破

推进银行业数字化转型，前提是变革银行业管理和建设方式，需要一套全新的、科学的理论体系为指导，以企业架构理论驱动管理提升，使数字化转型从局部向全局规划和顶层设计转变，这样才可能实现"全业务数字化""全渠道数字化""全产业数字化"，最终走上可持续发展的轨道，因此企业架构的转型和革新是银行业数字化转型的首要条件。

银行业按照业务模型驱动的企业架构转型方法来重构业务架构，同时逐步推进集中式架构向分布式架构转型，建立 IT 融合架构，实现竖井式应用向组件化、层次化应用体系的演变。以企业级视野为

出发点，通过架构转型，提升以支持引领、自主研发和安全运营为核心的 IT 能力，建立起保障业务创新、流程再造、技术革新的数字化长效机制，满足银行业未来业务快速发展需求，全力实现数字化转型战略愿景。

一、重塑业务架构，承载银行数字化战略需求

互联网发展正在迈入最新阶段——"可编程的经济"，实时智能银行可以被视作这一潮流的典型指征。为了迎接挑战，银行需要以数字化战略目标为核心，坚持以客户为中心，构筑企业级业务架构，坚持自顶向下的原则，形成业务、客户、产品、渠道、信息、风险管理的统一数字化视图，具备集约化企业能力，推进全价值链的数字化转型。

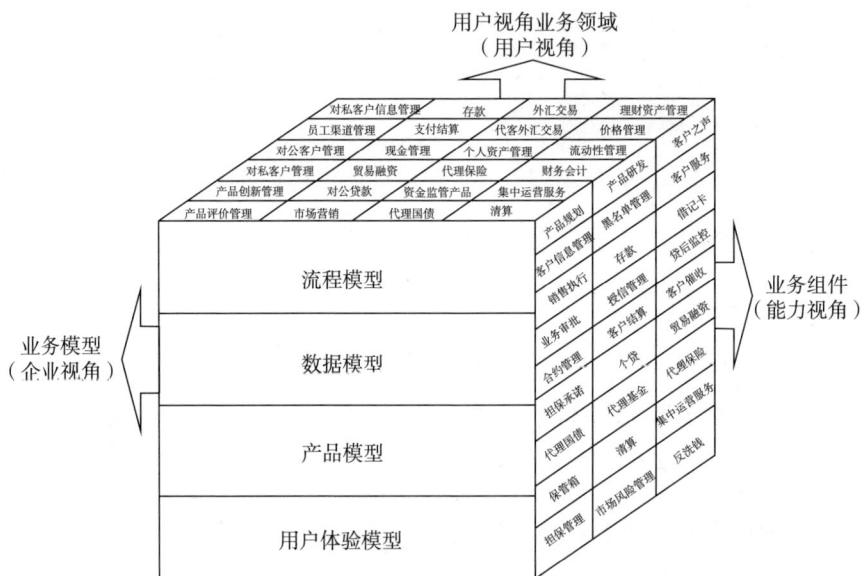

图 1-1 中国建设银行业务模型视图

业务数字化战略需要被有效地转换并嵌入可执行层面的业务流程中，当企业的业务数字化战略能力被分解到最细颗粒度并内化整合在业务流程中，战略才能得以执行、得以实现。因此，业务架构设计对银行业数字化转型起着关键的促进作用。银行业致力于打造一系列流程模型、数据模型、产品模型和用户体验模型，并以此为基础建立银行新一代核心业务架构，支撑和推动银行全面转型。

中国建设银行按照业务模型驱动的企业架构转型方法，率先建设了支持境内外一体化、集团一体化的企业级业务架构，通过五级流程建模支撑了流程银行建设，基于金融服务数据模型（FSDM）数据建模实现了全行业务数据的规范化和标准化，通过产品建模满足了产品灵活装配和快速创新的需要，通过用户体验建模提供了以客户为中心的服务。业务架构框架主要呈现两个逻辑视角，面向专业业务能力的业务组件和面向业务领域与客户体验的业务应用。该项目自一期首次投产，已累计实现一万多项优化及创新功能，全面涵盖了商业银行产品管理、营销支持、产品运营、业务支持、风险管控、决策与报告六大业务价值链，构建了全渠道、全用户、全产品的114个业务组件，不仅全面涵盖了传统商业银行业务，更是深度覆盖了金融集团、子公司业务操作与管理功能，支持境内外一体化和本外币一体化，满足了中国建设银行业务发展与战略转型的数字化要求，实现了全价值链的数字化转型。

二、搭建 IT 融合架构，支撑核心业务可持续发展

IT 架构是数字化银行的核心业务载体，是银行数字化转型的基石，其建设理念和建设方法保证了业务和 IT 的融合。IT 架构严格表

达业务架构的内涵，业务架构包容 IT 的发展方向，两者融合构成完整的企业架构。

中国建设银行在核心系统建设过程中建立了基于 4 个技术框架、7 个层次、12 个开发平台的应用架构，遵循业务能力模型的指导，逻辑应用组件与业务组件对应，通过可视化开发方法支持端到端的敏捷开发和快速交付；建立了以数据模型为核心、以数据集成和数据应用为主体的数据架构，形成了企业级的数据架构管控体系；搭建了基于 IT 基础设施云平台的技术架构，提供可定制、弹性伸缩、快速高效的 IT 资源供给服务；设计了全局流水号和应用监控标准，包含性能容量、可用性、可维护性、安全性四大类的 800 余项运行指标，实现了生产运营全流程的智能化监控。

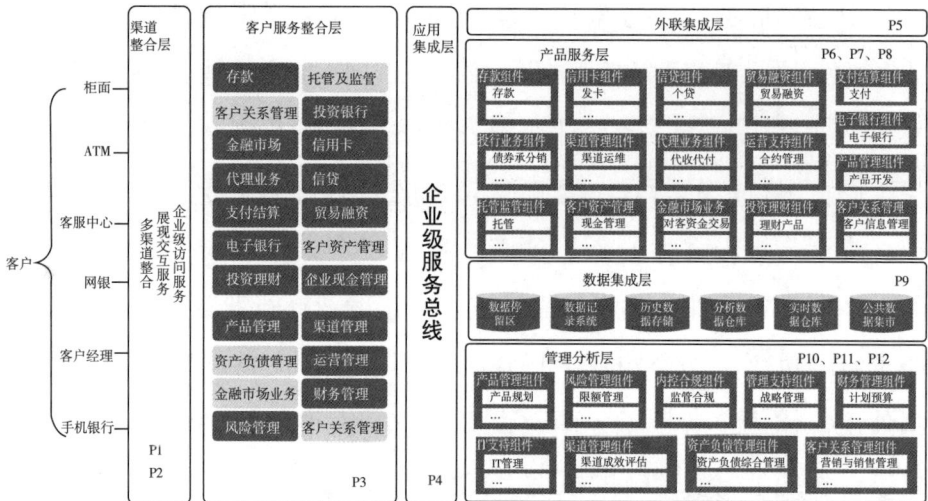

图 1-2　中国建设银行核心系统建设工程 IT 总体架构

中国建设银行核心系统 IT 架构兼顾系统可靠性和经济可行性，一方面通过基于主机平台的集中式架构设计来满足可靠性要求高的关键性账务类应用；另一方面通过基于开放平台的分布式架构设计来满足流程长、交互频率较高的应用，从而形成了集中式和分布式相结合的融合架构。具体策略上，采用分层、松耦合、面向服务、组件化的设计方法。首先，将整个架构细分为渠道整合层、客户服务整合层、应用集成层、外联集成层、产品服务层、数据集成层、管理分析层和基础设施层，形成了 7 + 1 层的整体架构来承接业务建模成果；其次，建立面向服务架构（SOA），不仅关联的业务逻辑以服务的形式进行交互，同时安全、存储、网络等基础设施也以服务的形式进行提供；最后，整个 IT 架构都采用组件化方式对外提供服务，不仅支持经营管理的应用系统，还包括基础设施和安全，在实现企业级的同时也为架构扩展提供了灵活性。

中国建设银行核心系统建设体现了三方面技术特点：一是企业级核心应用设计。通过横向归纳可共用的业务基础功能和技术基础功能，形成相应设计主题，解决全局性、影响面广、协同实施复杂的重大业务和技术问题。二是面向服务的技术架构设计。遵循 SOA 设计思路，采用层次化、组件化的方式进行设计，形成了包括前端接入层、基础设施资源层、基础设施服务层和统一管理层的层次化架构。依托于云计算技术，基础设施全面云化，建立了"生产运行、开发测试、办公管理"三种基础设施云，支撑了遍布全球的分行、网点、业务中心的业务访问，实现了全行业务的一体化集中处理。三是"安全即服务"设计。全面贯彻安全与体验平衡的理念，构建"安全即服务"的安全框架，将指纹、声纹、人脸、加密算法等安全技术和产品，按照 SOA 标准，以组件化的方式封装成规范、标准的安全服务，通过安全代理、插件、客户端等方式提供给应用使用，形成企业级一体化的安全服务。

中国建设银行依托核心系统建设工程，增强大数据采集管理应用能力，实现产品渠道分离机制，初步完成流程银行建设。采用企业级会计引擎实现交易与核算分离，企业级数据管理体系和能力基本成型，信息系统正逐步接近国际一流水平。同时，积极推广账号支付、手机支付、跨行付、龙卡云支付、快捷付等互联网支付方式，实现绝大多数主要快捷支付业务的全行集中处理。自系统全面上线以来，产生了巨大的经济效益和社会效益。截至 2018 年底，个人手机银行用户突破 3.1 亿户，企业手机银行用户数突破 106 万户，交易额突破 58 万亿元；个人网银用户 3.05 亿户，企业网银用户 757 万户，网上银行用户交易额 240 万亿元；信用卡消费交易额达 2.99 万亿元，贷款余额 6500 亿元，客户总量、贷款余额和资产质量等核心指标同业领先。

平安银行面向互联网开放创新，自主设计研发了"腾龙"核心系统，该系统成功采用了多项互联网架构与技术，满足监管部门架构自主设计、核心应用自主研发、核心知识自主掌握、核心技术不受制于人的要求。

平安银行"腾龙"核心系统总体上呈现三大特点：一是面向互联网金融，系统在设计上吸取互联网技术特点，技术先进、业界领先。二是性能卓越，比肩国有商业银行核心系统交易处理能力，达到两个"亿"的设计目标，完全满足零售业务转型、集团客户迁徙的需要。系统处理能力大幅度提升，批量处理和联机处理耗时分别缩短为原来的 1/6 和 1/3。三是系统设计灵活，高度组件化、参数化、产品化，快速响应业务需求，有效支撑平安银行新三年的战略规划发展。

平安银行新一代核心系统上线后产生了良好的经济效益和社会效益。节约巨额成本支出，降低了后续外包及维保费用，降低了整体运营成本；提升业务处理效率，增强了服务营销能力和风险防控能力，加深客户体验，提高了客户满意度，有效提升竞争力。

工银金融租赁有限公司建设了全功能的核心租赁业务系统，覆盖公司绝大部分业务管理要求。系统包括租赁管理、融资管理、运营管理、资产管理、财务管理、报表管理六大功能模块，375 个功能菜单，支持客户营销、尽职调查、审查审批、签约付款、租期管理、运营管理、财务核算等全流程管理。引入产品概念，可根据市场需要定义并调整产品，每种产品涵盖了报价政策、业务流程、税务处理、会计核算、资料清单等要素的组合，具备充分的业务适应性，能跟随租赁公司的管理变化和业务发展柔性调整。建立业务参数化和配置化体系，可供调整的参数上百项，从而灵活应对市场环境的变化，为国内政策环境的变化及不同国别的政策环境差异预留了调整空间。

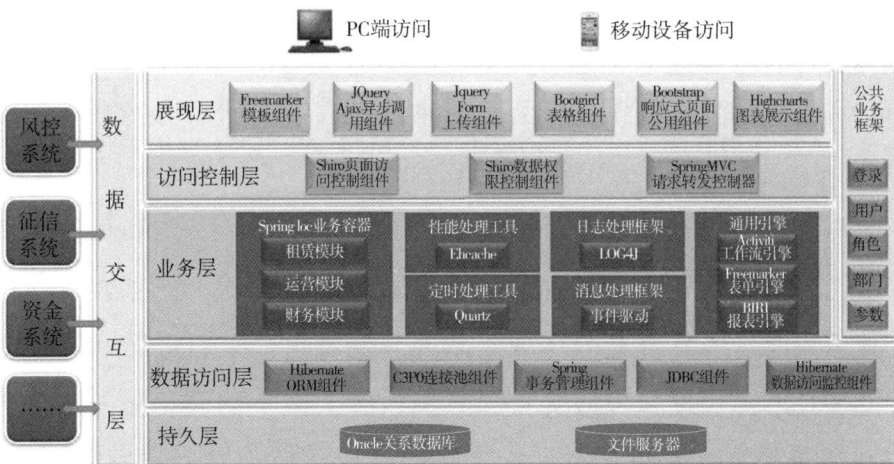

图 1-3　工银租赁核心业务系统架构

工银金融租赁有限公司在该系统建设过程中，基于自身管理经验结晶，结合我国融资租赁行业现状和特点，通过同业调研、问题归纳、经验汇集、方法实践、试点推广等步骤，研究符合我国国情的融资租赁业务管理理论、实施办法，研发成熟、具有良好扩展性的信息化租赁管理系统。同时，通过产品化的系统实施方式向同业分享和推广成熟管理经验，提高融资租赁企业业务风险管理能力，对促进融资租赁行业整体健康、有序发展有非常重要的价值。该系统在设计和建设过程中充分考虑了市场和同业的需求，获得多家租赁同业的关注和认可，有多家租赁同业已采用或计划采用此系统。截至 2017 年底，已经与 7 家同业租赁企业签署合作合同，合同总额近 1000 万元，其中 4 家公司采用租赁的方式，具备非常好的市场应用前景，在行业里具有良好的推广价值。

浦发银行根据新一代信息系统建设规划，基于 Java 完全自主研发了新一代会计核算及总账系统，具有物理独立的、可横向扩展的统一会计引擎和实时总账，彻底地实现了交易与核算分离。该系统上线后，有效提升业务处理能力，降低运营成本，充分满足了外部审计和财务信息披露需要。目前，系统已在境内所有分行、新加坡分行、中国香港分行、伦敦分行进行推广。

浙江省农信社研发了提供客户、账户、支付、资产和负债管理等线上线下一体化金融功能服务的开放式、互联式、交互式新型核心业务系统。该系统充分体现互联网金融特点，采用分布式等互联网新型技术，实现客户服务渠道共享、线上线下协同、服务场景和流程创新，并引入产品工厂，实现产品的快速组装、定制和发布，充分适应了农信系统多级法人的管理模式和产品创新需要。

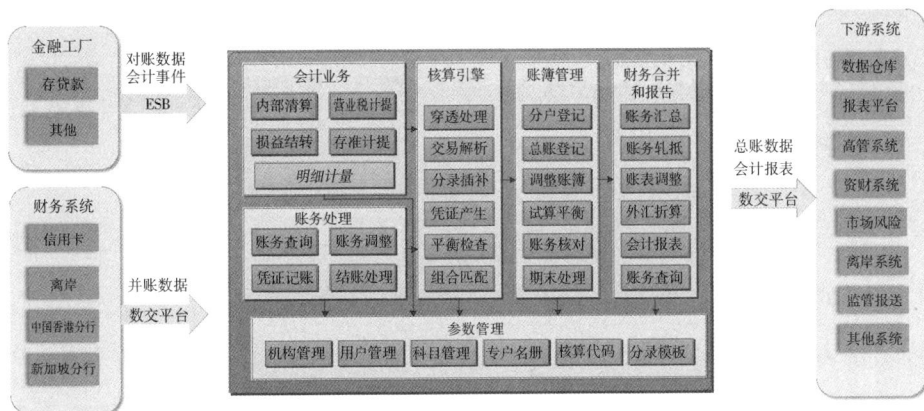

图1-4　浦发银行新一代会计核算及总账系统总体架构

北京银行以"以客户为中心，全面提升客户体验"为目标，构建了"参数化＋组件化＋模块化"的新核心，在新金融形态下，满足未来银行业务的高速发展。系统构建统一的客户信息管理体系，网点层级支持灵活多样，会计核算、客户账号均由核算型向产品型理念转型。自成功投产以来，已配置包括大额存单、多样化的金融IC卡、自贸区业务等1800余个参数化产品，产品开发速度提升80%；产品、利率、费率等3100余个参数，均通过专用交易管理及维护。

重庆农商行新一代核心系统采用"x86＋Java"开放式架构，对原核心系统技术架构进行完全更换。通过改变核心系统内部处理机制，实现交易核算功能的分离，在大幅提升交易处理能力的基础上，明显降低交易处理耗时。同时，通过多级账户管理体系、产品丰富性和个性化定制等功能，有力推进以客户为中心、产品多元化、市场快速响应的综合化金融服务体系建设，满足业务创新、集团化经营、特色化经营、精细化管理等需要。

第二节　深耕基础技术研发，填补关键应用市场空白

银行业在数字化转型过程中，积极健全基础研究支撑体系，瞄准世界科技前沿技术，加强在数字货币、金融基础模型和关键核心技术等方面的研究并形成了更多原创性成果，更好地支撑实际技术应用落地。科技研发在银行业的作用逐步实现了从"跟跑"到"领跑"的转变。银行业通过引进吸收再创新，在某些领域已接近或达到世界先进水平。

一、深入数字货币研究，助力数字央行建设

数字货币的出现被视为货币形态的又一次重大革命，探索央行发行数字货币具有积极的现实意义和深远的历史意义。全球主要经济体货币当局均已投身到数字货币领域开展研究，从成果看，有的仅开展了理论探讨，有的仅在技术层面进行测试或代币实验，而针对加密数字货币形态的中央银行数字货币（CBDC）尚未真正开展实践。

中国人民银行数字货币研究所的法定数字货币模型与参考架构设计项目，结合前期理论研究成果，在中国人民银行数字货币战略目标指导下，围绕建设数字央行的目标，率先提出了二元模式基本框架的 CBDC 技术模型和实现架构。作为全球首次 CBDC 的体系化组合创新和实践验证，在 CBDC 研究领域具有重要的历史意义和实践价值。

该项目形成了 CBDC 全生命周期模型和全局流通状态模型；自主设计了中央银行到商业银行 CBDC 发行、流通的闭环运行体系；在充

分吸收改进分布式账本等新技术优势的基础上，首次在混合技术架构下获得了更优的异构互通性和可扩展性；探索实践了 CBDC 在模型、架构、应用和技术等方面的可行路径，为中国人民银行后续数字货币研究工作积累了丰富而宝贵的实践经验，同时也为全球研发数字货币提供了重要参考，具有一定的引领性和示范性。

法定数字货币IDM1.0发行流通应用闭环体系

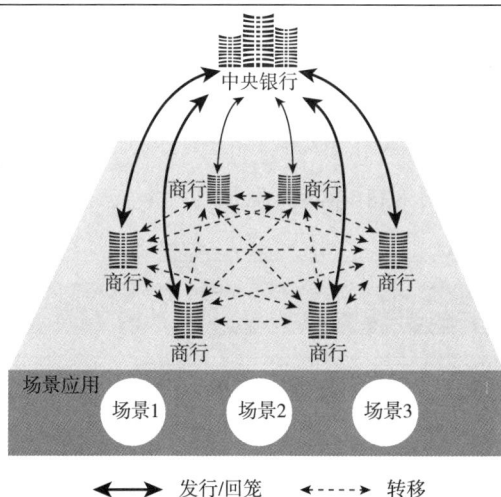

图 1－5　数字货币研究所法定数字货币流通体系

法定数字货币模型与参考架构设计项目具备完全自主知识产权，截至 2017 年末，依托本项目已提交 70 项专利申请。人民网（英文频道）根据 IPRdaily 中文网发布的专利排行榜总结：中国人民银行总专利数（数量主要来源于本项目）位居全球机构之首。根据中国专利信息中心检索处出具的查新检索报告，全球其他国家真正属于法定数字货币的公开专利目前还完全是空白。而基于该项目，中国人民银行已形成从央行到商业银行直至终端钱包的完整 CBDC 专利体系，在该领域处于领先地位。

二、自主研发分布式数据库，提升应用支撑能力

在移动互联网时代下，随着商业银行业务的飞速发展，传统的集中式数据库日益成为银行业务扩展的瓶颈。当前，分布式数据库技术蓬勃发展，无论是传统的数据库厂商还是互联网公司都在研发分布式数据库产品。

中信银行会同中兴通讯联合研发了金融级分布式数据库，攻克了分布式事务控制技术难点，在保证账务一致性的同时，兼具海量高并发交易处理能力，大幅提升了应用系统整体性能，充分展现了自主研发数据库的高性能和高可用性。

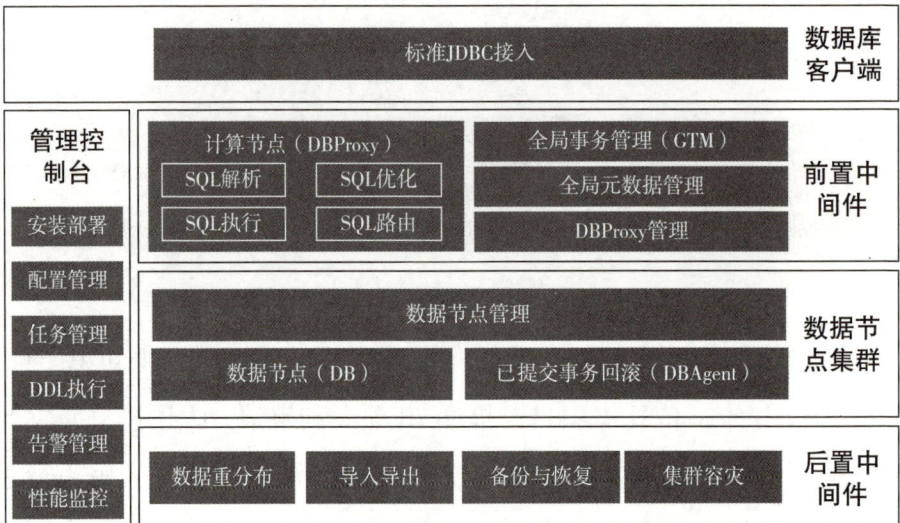

图 1-6　中信银行金融级分布式数据库逻辑架构图

该金融级分布式数据库具有以下技术特点：一是通过引入全局事务管理器（GTM）和全局事务标识（GTID）机制，实现实时一致的分布式事务，保证了数据的实时一致性；二是通过研发快速同步

复制、分组管理和全局一致的备份恢复机制，支持两地三中心灾备体系建设，提升了业务连续性；三是通过将日切操作与分布式事务处理机制相结合，实现不停机获取日切时刻数据快照，提高了管理分析系统的数据精度；四是通过改造一致性 Hash 技术，构建在线数据重分布机制，提供了数据库层快速弹性伸缩的能力；五是通过封装分布式服务，扩展分布式 SQL 语法，研发多级分片、表结构灰度发布、流式数据传输、全局 Sequence 序列等技术，降低了传统集中式金融应用系统迁移到分布式数据库的难度。

金融级分布式数据库提升了开发效率，降低了基础软硬件成本，促进银行业架构转型，带动国产数据库产业发展，推动国家安全战略的落地，取得了良好的经济效益和社会效益。

三、瞄准行业短板，填补金融市场应用空白

随着国际利率及汇率市场化改革日益深化，中国金融市场迎来了前所未有的机遇和挑战。为推进资产结构和盈利模式的战略转型、全面提升金融市场综合服务能力，中国工商银行启动金融市场综合管理平台研发工程。在建成前台金融市场交易管理系统、中台金融市场风险管理系统的基础上，打造了"全产品、多币种、全球化、全渠道、跨市场、集约高效"的金融市场集约化运营管理及事前控制系统，覆盖债券、基金、外汇、货币市场、商品、贵金属、衍生品、代理业务等金融市场全类产品，建立了以"交易事前控制、交易授权、交易证实、会计核算、清算结算、对账核销、运营分析"为核心的一体化标准运营流程，形成了完整的金融市场业务价值链。

全球金融市场集约化运营管理及事前控制系统

外部市场数据

外部交易终端系统
外汇交易中心
Dealing
彭博
……

前台交易
内部询价及交易

金融市场交易管理

中台风控
全球产品控制
全球市场风险

业务运营
证券（债券/基金交易）
外汇
货币市场
商品
贵金属
衍生品
代理业务

事前控制｜交易授权｜交易证实｜会计核算｜清算结算｜对账核销｜运营分析

基础服务｜流程引擎｜产品引擎（金融算法库｜生命周期管理）｜核算引擎｜规则引擎｜报表定制｜供数机制

总账核算系统
会计核算
境外会计核算

外部清算组织系统
大额支付
境内外币支付
人民币跨境支付
境外本地清算
境外账户行

外部结算机构系统
中债登
上清所
境外托管行

统计分析
大数据平台
综合统计

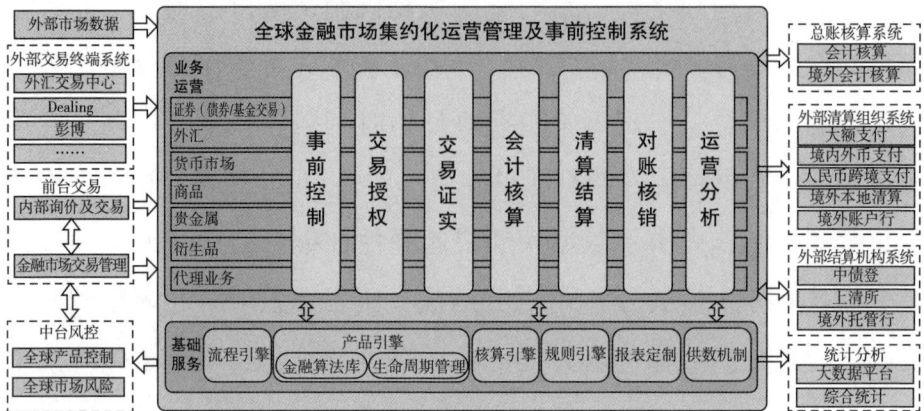

图1-7　工商银行全球金融市场集约化运营管理及事前控制系统逻辑架构图

系统全面覆盖工商银行金融市场业务，已在工商银行境内外分行全面推广使用，核算资产和负债规模超 5 万亿元，为工商银行顺利承接金融市场条线专营上收六大类同业业务、SDR 债券发行、衍生品交易进入国际清算所集中清算、利率互换代理净额清算、"一带一路"一揽子货币外汇交易等十余类业务创新提供运营支持，金融市场后台的业务承载能力和创新支持响应能力得到了显著提升。

系统实现全流程、全产品、无纸化、行内行外系统直通式业务处理。全流程直通率达 90%，圆满承接每年 60 余万笔、上百万亿元资金及金融资产结算处理，在运营人员减少 20% 的情况下，支撑了同期 3 倍的业务量增长，全面推动运营人员从操作密集型向智能监控集约型转变。系统研发及成功投产，标志着中国工商银行金融市场体系建设整体闭环，实现了金融市场业务系统完全安全可控，全面提升了工商银行在金融市场业务领域的核心竞争力，同时改变了国内金融市场后台系统长期依赖外购的现状，打破了国际垄断，开创了国内商业银行自主创新研发全球金融市场集约化运营管理及事前控制系统的先河，填补了国内金融市场领域的空白。同时，为推动国内同业系统创新、促进银行间市场健康发展发挥积极示范作用，使金融市场业务能更好地服务于国家"一带一路"倡议的实施，具有重大的积极意义。

中国建设银行为满足精细化财务管理及全面风险管控的需求，成立了企业级金融工具估值项目，构建了境内外一体化的估值平台，为前中后台提供了集中统一的估值服务（前台实时估值试算、中台风险压力测试海量估值试算、后台财会入账批量自动估值），提高了中国建设银行的估值水平及效率。

全新的估值平台构建了能够完整覆盖各类金融市场产品、稳定合理的估值模型库；建立了金融工具估值计算云，可为实时交易、风险计量、压力测试、公允价值入账等各种业务场景提供多模型、多批次、多频度的估值云服务；构建了损益计算器，实现了交易估值、损益计算、会计入账的全流程自动化；建立了金融市场业务数据平台，包含全量金融市场交易数据、市场数据、参考数据，支持了估值模型的建模、验证、回归，促进估值模型的持续优化；基于金融市场业务数据平台，构建敏感度分析、损益归因分析模型及功能，多维度展现了市场数据变动、估值参数变动对估值的影响，有力地支持业务决策。

中国建设银行企业级金融工具估值平台自上线运行，已应用于境内 38 家分行及境外 22 家分行，系统运行稳定，充分满足了行内前台交易、风险管理、会计入账、押品管理、监管报送等各个领域的估值需求，取得了良好的社会效益和经济效益。

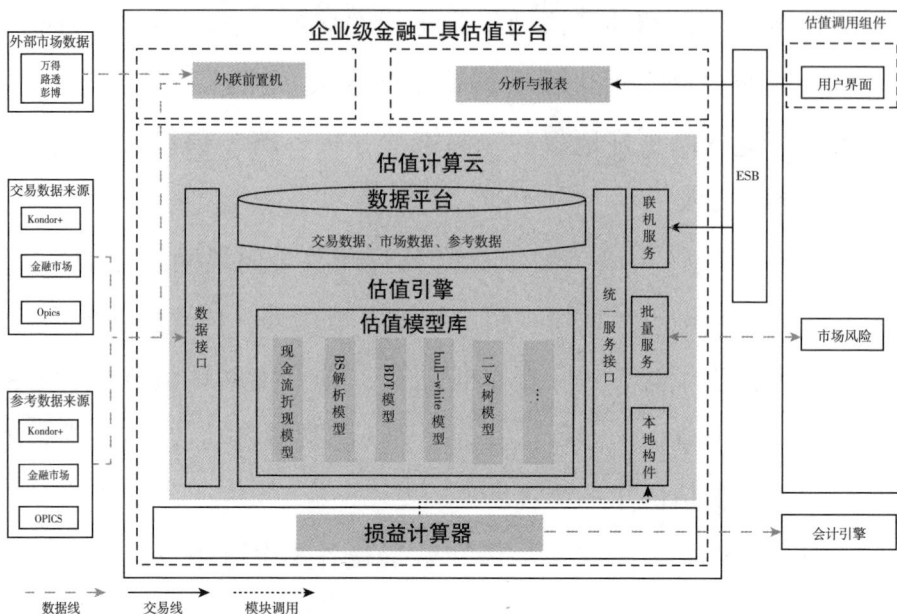

图1-8　中国建设银行企业级金融工具估值平台架构

第三节　升级金融基础设施，助力经济高质量发展

为了提高银行业整体运行效率，构建全新的数字经济体系，各相关机构全面升级银行间市场的金融基础设施，着力打造票据交易系统、全渠道支付平台、跨境资金流动监测、交易后处理、外汇期权中央对手清算等系统，进一步打通银行间的数字通道，提升全局性服务能力，助力实体经济高质量发展。

一、完善银行间交易系统，促进业务全面数字化

为促进票据业务全面数字化，上海票据交易所建设中国票据交

易系统，实现了国内首个集登记、托管、交易、清算于一体的全国性电子化交易平台。中国票据交易系统采用层次化、服务化设计思想，整体划分为八个子应用。一是票交所门户网站，实现政策、制度、招聘等信息对外发布，提供交易行情对外的公布和展示。二是票交所用户集成，实现用户会话的统一管理。三是票交所服务集成，实现票交所系统所有服务化接口的注册、管理、监控等功能。四是票据登记与托管，提供纸票全流程信息登记，以及贴现后纸质和电子商业汇票的各类行为处理，并就权属进行统一的登记管理。五是票据交易，通过设立询价、匿名点击等多样化的交易方式，实现纸质及电子商业汇票的转贴现、再贴现、回购等业务产品的实时线上交易。六是票据清算与结算，对接人民银行大额支付系统，实现交易结算指令管理、交易及非交易资金清算、非银机构二级账户管理及计息计费等相关功能。七是会员及公共管理，为票交所用户提供统一的柜员认证，以及用户、参数、菜单、权限、场务管理等内部管理、服务集成等基础性功能服务。八是监测及统计分析，实现对交易数据风险监测、市场数据分析、监管报表、统计分析等功能。

中国票据交易系统的成功建设，促进了票据业务全面电子化，为票据市场参与者提供票据登记托管、报价交易、清算结算、信息服务等全方位服务，为国家金融基础设施奠定了坚实基础。中国票据交易系统统一了纸票和电票业务规则，促进票据业务全面电子化；为票据市场提供集报价交易、登记托管和清算结算于一体的基础设施；创设多样化的票据交易品种和交易模式，提升票据市场深度和效率；丰富票据市场交易主体，引入非银金融机构和非法人产品；促进票据交易授信和定价合理化，创设了"票据信用主体"概念；

实行直通式处理（STP）和票款对付（DVP）结算机制，防范结算风险，提高结算效率；为人民银行提供全流程电子化的再贴现操作平台，提升货币政策实施传导效率和精准度。

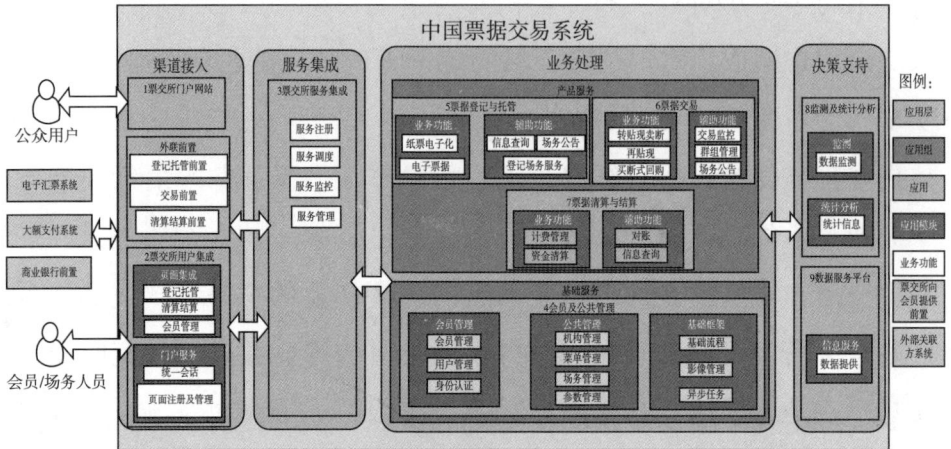

图 1-9　中国票据交易系统应用架构

截至 2017 年底，中国票据交易系统已接入会员 2441 家，系统参与者 86900 家。会员类型覆盖政策性银行、商业银行、农信社等银行类金融机构，以及证券公司、保险公司、资管计划等非银金融机构和非法人产品。系统上线后，业务实现快速增长，承兑信息登记累计发生 6209458 笔，发生额 16110.45 亿元；再贴现业务累计发生 10 多万笔，发生额 3300 多亿元。再贴现系统服务央行货币政策操作，用户覆盖人民银行所有再贴现办理窗口，充分发挥再贴现货币政策操作对国民经济重点领域和薄弱环节定向支持和精准滴灌效应。

为满足银行间市场参与者对交易全生命周期的管理需求，进一步与国际金融市场接轨，提高银行间市场参与者中台业务处理效率并降低操作风险，中国外汇交易中心立足外汇市场、利率市场、衍生品市场及黄金市场，推出统一的交易后处理平台，为市场参与者提供交易后服务。

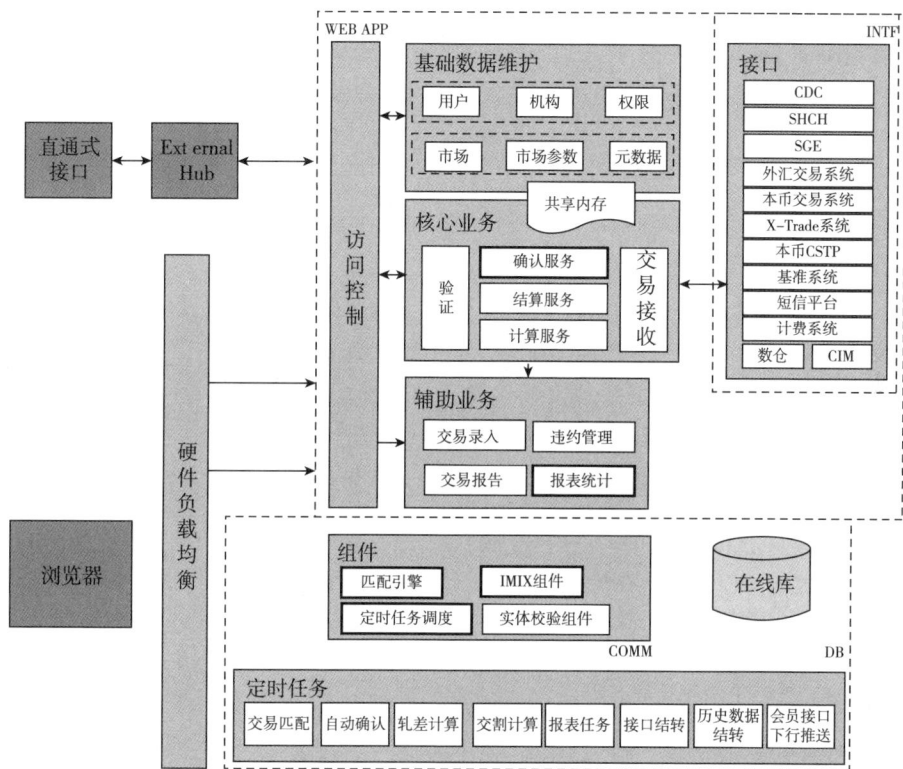

图 1－10　交易后处理系统应用架构

交易后处理系统以安全性、标准化、可靠性、易用性、可维护性和先进性为设计原则，在经过提取、抽象的技术构件基础上，构建了三大业务服务：交易确认服务、计算服务以及结算服务。系统同时向市场会员开放了基于银行间市场业务数据交换协议（简称 IMIX，ISO 20022）的服务 API，会员可自主开发内部系统实现直通式处理，防范操作风险，提高市场效率。系统自上线以来，为银行间市场参与机构提供交易确认、计算、结算等服务，目前，交易确认服务覆盖了包括银行间本币市场的利率互换，外汇市场的外汇即期、远期和掉期，外汇期权、货币掉期以及外币拆借等产品；计算服务覆盖了利率互换和外汇掉期等产品。

中国外汇交易中心交易后处理系统以标准化、自动化的一站直通式操作流程衔接了交易后处理的各个环节，在提高参与机构交易后处理效率、提升市场交易资金流动性、降低市场信用风险和机构运营成本等方面起到了显著的推动作用。

银行间市场清算所股份有限公司建设人民币外汇期权中央对手清算系统（以下简称外汇期权系统），针对外汇期权业务清算会员间达成的人民币外汇期权交易，实现了承继双方资金结算的权利及义务，并按多边净额方式计算各清算会员的人民币、外汇净额，与各清算会员完成人民币、外汇净额结算的处理过程。同时，外汇期权系统还实现了清算会员保证金、清算基金、风险准备金、违约处置等一整套风险管理机制的系统功能，进一步确保了银行间外汇市场系统性风险的有效监管和控制。

外汇期权系统自正式上线运行至 2017 年底，外汇期权累计清算量 967.21 亿美元。系统上线后，纳入中央对手清算的外汇即期、远期、掉期和期权交易将统一进行风险敞口计量和保证金计算，实现跨交易品种的风险对冲，从而进一步降低清算业务参与者的参与成本。该系统作为全球首个场外外汇期权中央对手清算系统，进一步确保了银行间外汇市场系统性风险的有效监管和控制，助力人民币汇率的市场化形成机制。

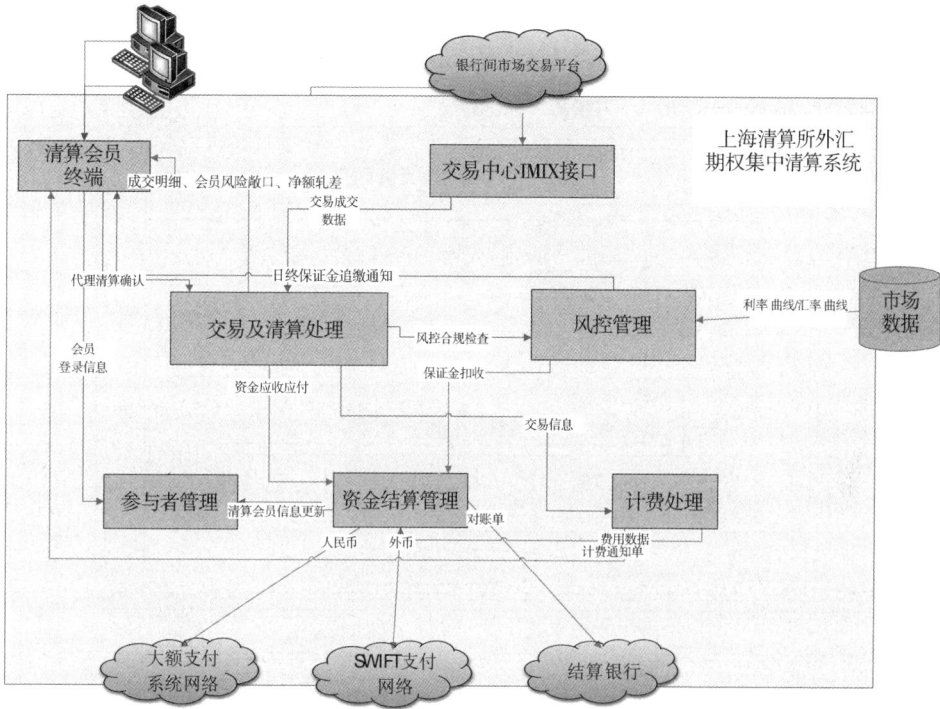

图 1-11　外汇期权系统应用架构

国家外汇管理局建设跨境资金流动监测与分析系统，抽取、集中各外汇管理业务条线的数据，建立和统一了外汇管理数据标准，完成外汇管理基础数据模型和数据仓库基础平台的搭建，实现了数据整合和信息资源的共享；并在此基础上提供了从宏观、中观、微观不同角度监测跨境资金流动的分析框架，搭建了包括总览、主题分析、灵活分析和查询、主体监测、异常监测预警、外部数据管理等十一大模块组成的功能应用，为探索主体监管方式、落实事中事后监管提供了基础的信息服务平台。

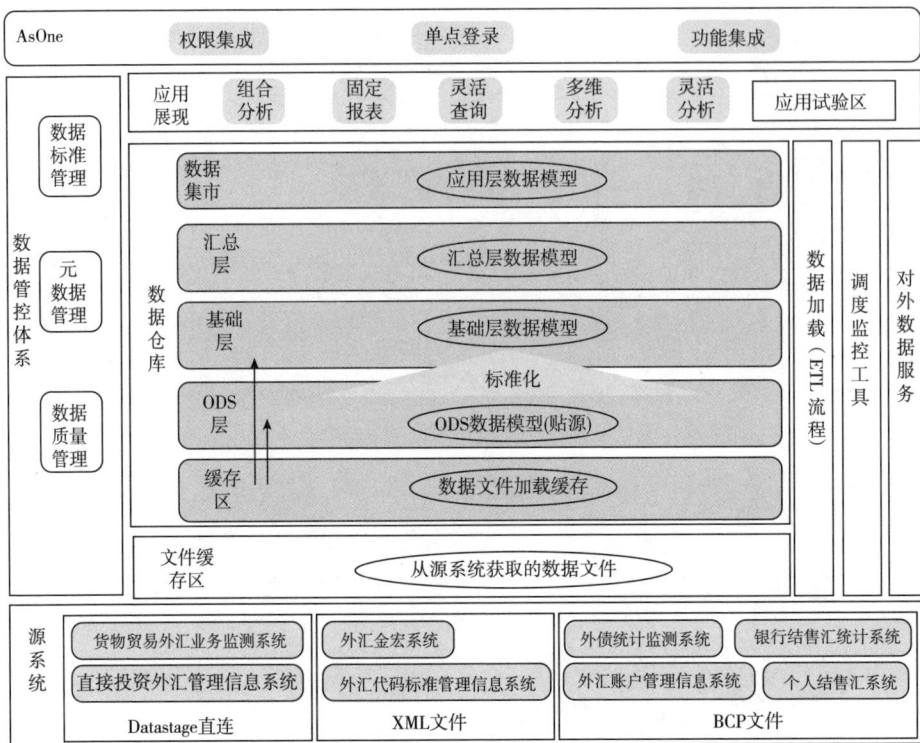

| AsOne | 权限集成 | 单点登录 | 功能集成 |

图1-12 国家外汇管理局跨境资金流动监测与分析系统逻辑架构

跨境资金流动监测与分析系统监测功能灵活智能，建成了全面、准确、灵活的跨境资金流动监测与分析平台，提升了外汇局业务人员监管效率；构建了事中事后监管体系，形成"放""管"结合的新型行政管理模式；健全监测预警体系，提高了外汇局防范跨境资金流动风险的水平；促进外汇管理重点领域改革，增强了外汇管理服务实体经济发展的能力；识别异常跨境资金，增强了外汇非现场监管效果；丰富信息服务手段，外汇管理履职增效水平得到提高；实现了外汇业务数据整合并规范了数据管理，为深入开展监测分析奠定了基础。系统上线后运行高效平稳，截至2017年底，接入跨境资金流动监测与分析系统的机构有 1015 家，含外汇局总局及分支机构共 7718 个用户。业务主体包括境内非金融机构 2433765 家、境内银行 64906 家、境内非银行金融机构 735 家、境内居民个人 100387546 人；境外非金融机构 347120 家、境外银行 133192 家、境外非银行金融机构 1143 家、境外居民个人 173625 人。

债券市场是银行间市场的重要组成部分。一个统一、成熟的债券市场可以为全社会的投资者和筹资者提供低风险的投融资工具，也是传导中央银行货币政策的重要载体。

中国外汇交易中心的债券预发行交易系统，为银行间市场提供丰富的交易方式来达成债券预发行交易，其提供的交易方式包括协商成交、做市报价驱动成交、公开报价与限价订单的半撮合成交、限价订单间的带授信判断的撮合成交。同时为市场提供了全维度的风险控制，支持事前逐笔的全市场风险校验和控制，支持针对全市场、单只债券、单个机构、单个交易员、买卖方向等设置限额校验参数，并可智能判断存量报价的合规情况，根据要求进行自动控制。债券预发行交易系统自上线后，为发行人提供即将招标债券价格连续发现功能，促进承销商认购债券的积极性和理性投标，揭示短期利率变化趋势并为监管部门进行监控提供借鉴参考，促进二级市场现券交易价格更趋真实，为中小机构提供了良好的交易场所。

二、打造全渠道支付平台，提升服务管理水平

随着第三方支付异军突起，国际卡组织摩拳擦掌，我国支付市场正面临着前所未有的机遇和挑战。技术上，从早期的系统集成技术，到中期的 SOA 架构，发展到现如今的大数据、云计算、开放平

台；业务上，从 POS 机主打的线下市场，到互联网承载的快捷支付，发展到现如今不断涌现的创新支付方式；理念上，互联网思维大行其道，以客户为导向，以平台为基础，以开放为原则，做生态圈成大势所趋。

中国银联建设新一代全渠道支付平台，作为大型支付业务接入处理系统，面向国内外收单银行、第三方支付机构、商户、持卡人提供融合线上线下终端、一站式的支付解决方案。全渠道支付平台提供众多的产品：实现移动互联网等前端交互产品的接入整合，通过 WEB 浏览器或者 APP 客户端向商户和机构提供支付接入，提供安全一致的标准化交互流程；实现当前 POS 收单、多媒体智能终端、在线支付、语音支付等各支付渠道后台接入整合，通过互联网或者专线向商户和收单机构提供联机和批量支付。另外积极探索新的支付场景，联合重点商户提供基于 Token 技术的无跳转支付方案；联合商业银行和终端厂商，提供创新的云闪付产品：Apple Pay、三星Pay、华为 Pay、小米 Pay 等各类 eSE 云闪付、HCE 支付、二维码支付等。

全渠道支付平台充分考虑系统性能、运行环境和安全性等诸方面的约束进行合适的设计与开发，具有高性能、高可靠性、高可用性、高可扩展性、高可管理性五大重要特征。它主要的技术创新有：采用自主研发的分布式服务调用框架，通过灵活的分层设计，实现微服务设计风格，支持业务逻辑动态热加载、服务注册和发现、配置集中管理、故障隔离和负载均衡、灰度发布。能快速、灵活、简洁地实现各个服务的升级和扩容，有效应对互联网秒杀式促销的容量需求。

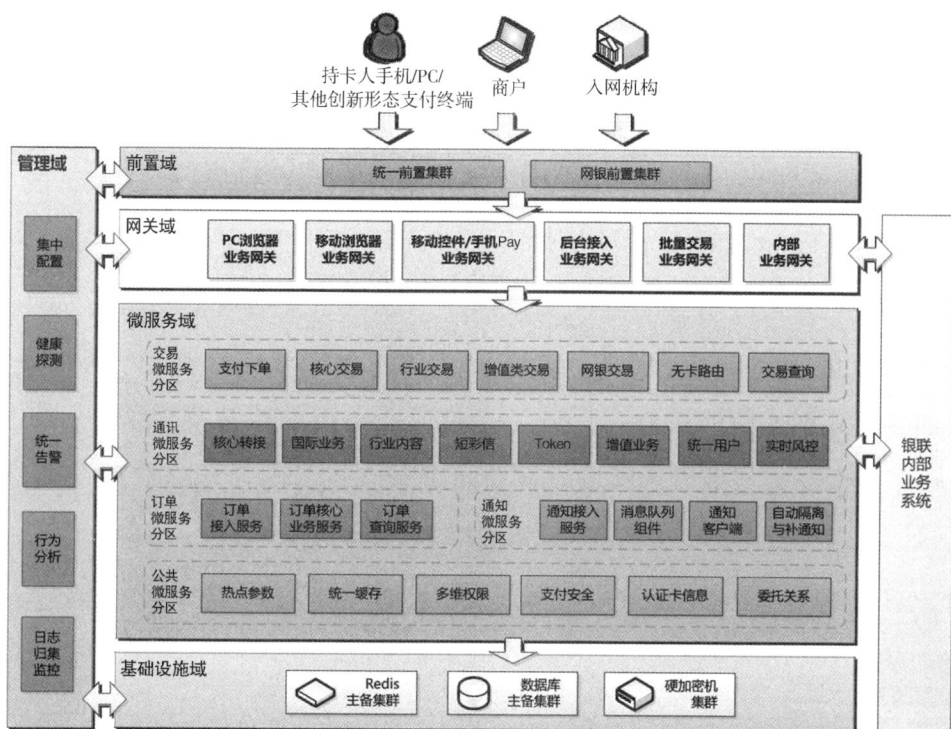

图 1 - 13　全渠道支付平台系统逻辑架构

全渠道支付平台自上线以来，系统运行稳定，有效支撑了银联和合作伙伴的历次 62、双 11、双 12 等营销。该平台的建立，整合支付产业链各方诉求，创新多种支付产品，推动支付行业健康发展。

中国人民银行清算总中心建设支付信息统计分析系统，从人民银行支付系统、境内外币支付系统、人民币银行结算账户管理系统、联网核查公民身份信息系统以及中国银联、城市商业银行资金清算中心、农信银资金清算中心、商业银行、支付组织采集数据，进行校验审核、加工、统计分析，统一了数据标准，实现了数据共享，并通过多层次、多维度的多样化展现，为人民银行各级支付体系监管机构提供标准化指标分析服务，提升了支付服务的精细化管理水平。

支付信息统计分析系统按月、季、年三种期数采集数据，截至2017年11月23日，参与机构从上线初期3676家增长至4352家，成功采集处理64期指标数据提供人民银行和参与机构使用。该系统的建成标志着支付结算的现代化体系建设取得重要进展，改变了原有手工收集数据的单一现状，解决了支付体系中"信息孤岛"现象；加强了数据响应时效性；提升了支付业务人员的决策支持能力；扩展了分析研究与监管决策数据覆盖面。

第四节　小结

为顺应数字化时代的发展，各商业银行及监管机构聚焦架构转型、基础研究、金融基础设施等关键领域，坚持自主研发，为全面推进银行数字化转型打好技术基础。架构转型方面，采用企业级工程方法，重构业务架构，建立 IT 融合架构，大力推进向组件化、层次化、分布式架构体系转型，保障架构转型取得重大突破；基础研究和应用方面，积极在数字货币、金融级分布式数据库、金融市场系统等领域加强基础与原创性技术研究，瞄准关键底层技术，不断提升关键核心技术能力，填补关键应用市场空白；金融基础设施建设方面，银行间市场金融基础设施得到不断升级，进一步提升全局性服务能力，助力实体经济高质量发展。

第二章　致力金融科技创新，
赋能数字化转型

　　数字化时代来临，金融科技已成为驱动金融创新发展的强大动力，也成为银行业争相布局的着力点。在金融科技和客户体验创新的共同驱动下，银行纷纷进行数字化转型，加快对大数据、云计算、区块链等新技术的吸收和应用，提升科技转化能力和经营效率。目前，这些新技术已被银行业广泛采用，为银行数字化转型提供有力支撑。

第一节　激发内生动力，
全面盘活金融大数据资源

　　金融行业数据资源丰富，业务发展对数据依赖程度高。银行业全面贯彻国家大数据战略，通过广泛采集、整理、存储、挖掘、分析和应用金融大数据资源，重塑金融服务模式，为科学决策、战略升级和经营转型提供强大支撑。

　　一方面，以中国农业银行为代表的大型商业银行着手搭建全行大数据平台，构建具有海量数据处理能力的大数据解决方案，实现从基础领域到上层应用的全面架构整合和数据融合，有效支撑全行数据管理与经营决策。另一方面，以中国民生银行为代表的多家股份制商业银行，将大数据技术运用在银行精准营销、智能投顾、运营管理以及风险防范等各个领域。利用数据挖掘、数据分析手段，提升银行精细化管理效能，预警防范关联业务风险，实现数字化管理闭环，提升客户体验。

一、建设大数据平台，打造大数据生态圈

中国农业银行紧跟大数据时代的步伐，积极响应国家战略，依照中国农业银行发展战略，践行开放、共享的理念，构建"一心（新）六维"大数据体系，打造集高性能基础架构、完整数据模型、丰富数据集市、分析应用快速开发、全生命周期数据管理、立体式数据服务、深度数据价值挖掘、流程化数据治理体系及统一展示为一体的企业级大数据分析应用综合解决方案。通过建设全流程、一站式、自助化、智能化的大数据体系，达成"快、全、准、强"的目标，实现数据资源统一管理，数据服务能力全面提升，数据价值充分挖掘和释放，有效满足中国农业银行客户营销、风险管控、经营管理及外部监管需要，持续推动农业银行业务创新、营销创新、服务创新、管理创新。

全方位的多态融合

全行海量数据处理
MPP-Hadoop异构融合
大数据处理全流程管控

全视图的数据资源

全行各业务领域全面覆盖
建立企业级数据全视图
支撑各业务场景助力经营发展

全面自主可控"中国心"

全流程管理机制

有效的数据质量管理机制
完善的数据治理体系
全流程的数据管理规范

敢为同业先的"中国新"

全渠道的应用支持

大数据综合应用
全行八大业务领域全面覆盖
支撑各业务场景助力经营发展

全覆盖的服务体系

多维度立体式数据服务
全方位多种类的数据产品
以客户为中心的数据服务模式

全场景的智能分析

搭建数据分析挖掘及AI平台
形成数据价值挖掘及应用闭环
提供感知及思维两大智能服务

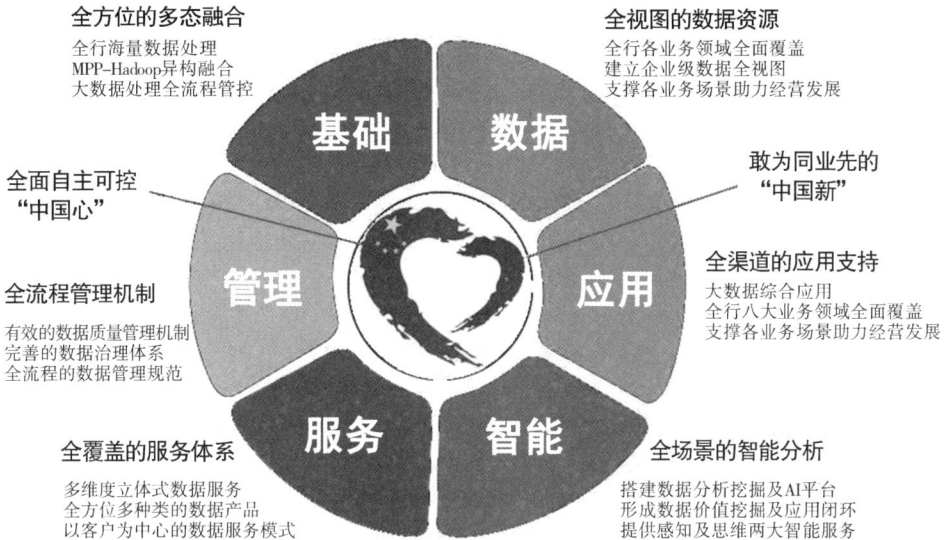

图 2-1 中国农业银行"一心（新）六维"大数据体系

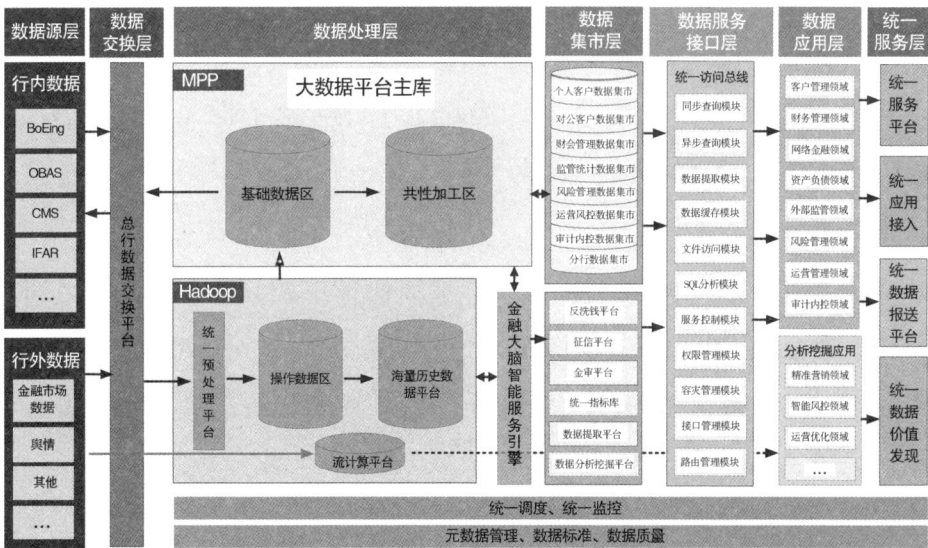

图 2-2 中国农业银行大数据平台总体架构图

中国农业银行大数据平台以"国产 PC Server 集群 + 国产 MPP 数

据库＋开源 Hadoop 框架＋自主研发的全流程配套工具"的方式，形成了中国农业银行特色安全可控的 3 – CDE（计算能力 – Computing Capability、数据集中 – Data concentration、自主研发工具 – Equipment Toolkit）体系，提供全覆盖、全流程、全平台、全服务、全应用的企业级大数据解决方案。大数据平台建设具有以下特点：一是构建全面融合的 MPP 数据库＋Hadoop 混搭架构，提供 PB 级海量数据存储和大规模并行计算能力；采用多副本冗余、基于 MPP 架构 PB 级海量数据 DC 块增量同步的双活机制，实现每日增量备份、查询与批量分离、异常发生时进行双活切换三大功能，提升系统高可用性、容灾及服务能力。二是构建企业级数据高效预处理平台、秒级处理百万记录的流计算平台和支持异构异源异库的数据访问总线。三是构建农行大数据技术生态圈，打造了 ETL 开发工具、调度系统、管理监控等一系列研发工具。四是创新提出复合式建模方法论，采取"三范式融合维度建模"的方式，构建了 10000 余个模型，存储了逾 11PB 的数据，实现全面的数据覆盖。五是通过数据服务平台建设，实现数据导航、实时数据服务、数据超市和数据可视化，满足立体式、多维度的大数据服务需要。六是建设深度数据挖掘平台和智能数据服务平台，打造全面的智能分析体系，并开展了 100 余项深度挖掘专题。七是提供全面的应用支持，全面支撑财务管理、客户营销、资产负债、风险管理等 8 个业务领域，为 33 个业务条线、120 多个业务场景提供数据支撑。八是建立涵盖研发、数据、业务、安全的全流程管理体系，为大数据高效、稳定服务奠定了制度基础。

在平台建设过程中，农业银行积极响应国家基础领域建设要求，在诸多技术领域进行了技术创新。在国家战略、国产支持、银企合

作、同业应用、监管应对、经营决策和风险防控等 7 个方面实现了 7
升 7 降：一是提升安全可控能力，降低对国外产品的依赖程度；二是
提升国产 MPP 数据库的行业竞争力，降低国产数据库的起步成本；
三是提升银企合作力度，强化供给和产品创新能力，降低银企之间
技术壁垒；四是提升自主建设大数据体系的创新能力，降低同业应
用的工程实施难度；五是提升数据处理速度，提升监管响应，降低
监管报送周期和实施成本；六是提升经营管理决策效率和水平，降
低经营管理决策成本；七是提升风控能力和风控管理水平，降低经
营风险和管理成本。

大数据平台成为中国农业银行长期健康发展的动力和保障，支
撑全行业务经营发展，也为同业大数据平台建设提供了有益的参考
借鉴。

二、深挖数据价值，推动业务创新

商业银行多年信息化建设，积累了海量客户资产、负债和交易
数据，但如何释放出这些数据的价值是各商业银行迫切需要解决的
问题。商业银行在各个业务领域基于大数据技术深入挖掘、分析数
据，让数据"发声"，推动业务创新。

中国民生银行基于民生银行企业级数据仓库及"阿拉丁"大数
据平台，建立一套零售业务大数据应用体系。通过构建标准化、规
范化的大数据模型项目开发流程框架，梳理大零售客户特征变量
5500 余个，实现"客户获取""客户细分""客户提升""客户流失
预测""产品响应""产品推荐""产品序列""资金交易模式"八大
类 72 个应用模型，形成零售业务经典大数据模型体系；面向大零售

客户，将业务一线成功的营销经验转化为数据化字段，搭建面向大零售客户的标签体系，开发了标签主题和维度、标签应用场景、标签评价指标体系、关联标签分析应用、标签可视化展示和灵活查询平台等，为民生银行零售业务的批量化、精细化、差异化、智能化客户战略与业务发展提供坚实的理论与技术支撑，进一步支撑"以客户为中心"的零售业务转型，推动零售业务的稳定发展。

零售业务大数据研究与应用成果已经在全行各经营机构应用和推广，分行应用覆盖率达到100%，应用领域涵盖产品精准营销、客户金融资产提升、客户流失挽回等，助力零售业务产能提升。

中信银行为深化客户经营，全面实现客户经营的智慧转型，构建大数据驱动的零售银行营销服务体系。围绕客户全生命周期管理和客户分层分群，建立零售精准营销闭环流程，形成了完整的零售客户统一视图，涵盖客户行为细分、产品响应、渠道偏好、社交金融等60余个精准营销模型。同时，基于零售客户大数据融合，打造客户价值提升路径和产品推荐决策引擎，并立足于多渠道协同，开展集约化客户经营，为中信银行实现客户关系管理智慧化转型提供了理论指导和实践。

大数据驱动的零售银行营销服务体系有效支撑精细化营销管理。截至2017年底，精准营销累计覆盖1420万人次，管理资产增长1412.5亿元，中高端客户流失率同比下降2~3个百分点，客户管理资产挽留1626亿元。

国家开发银行通过建设"系客户"关联关系分析系统，运用大数据技术实现对"系客户"关联关系族谱的自动识别和展现、内外部信息全景视图、风险指标动态监测和早期预警，有效解决国家开发银行信贷管理过程中"系客户"识别难、风险防控难等问题，减少客户经理贷后管理工作量，提升客户风险预警水平和系统性风险防范能力。

华夏银行通过研发基于大数据分析技术的智能理财模型，满足分级客户投资理财优质服务体验的迫切需求，有效提升普惠化、智能化、自动化的金融服务能力。一是促升各类理财产品的销售额，提升直销银行理财产品营销活动中客户响应率；二是增加客户金融总资产，在代发工资低价值客群的理财营销中，人均理财资产增幅显著；三是有效降低客户流失率，通过滚动购买理财产品，为客户提供定制化、专家化的投顾服务。

第二节　紧跟发展趋势，银行业迈入云时代

云计算技术发展已经进入成熟期，金融云的应用也正在向更加核心和关键的"深水区"迈进。银行应用"上云"既能够大幅度降低银行成本，也能够为银行金融产品提供更灵活的支撑。银行业根据自身情况构建私有云和行业云，逐步实现行业信息系统全面"上云"。

一方面，中国银行、中国建设银行、中信银行、华夏银行、中国银联等具有较强经济基础和技术实力的大型金融机构通过自主建设私有云基础设施，将一些核心业务系统部署到私有云上，从而满足数字化转型过程中对安全性、稳定性以及灵活性等方面的需求。另一方面，微众银行建设的"微动力"银行业金融科技合作平台，

通过"SaaS＋"方式连接中小银行，与中小银行的区域化经营能力结合，既为大众客户提供优质、安全的金融产品和服务，又帮助中小银行通过行业云的方式实现业务转型升级，降低了中小银行的技术门槛和成本投入。

一、构建私有云平台，支撑应用上云

当前，商业银行信息科技正面临新的机遇和挑战。一方面，互联网金融推动银行业务创新，迫使银行革新传统 IT 技术；另一方面，云计算等新技术的逐步成熟为银行 IT 基础设施建设带来新的机遇。构建统一的、可扩展、易维护的云平台，更有利于商业银行实现资源共享，降低开发运维成本，缩短研发周期，提升系统安全性和稳定性，推动总分行协作、银企合作，促进金融服务水平的提高。

华夏银行实践"稳态"和"敏态"并存的"双模" IT 运维理念，构建基于多元化软件定义的私有云平台，有效应对数据中心"双模"运维的困境。该平台提供集流程、自动化、监控等于一体的集中运维管理功能，实现多中心、多环境、多形态异构基础软硬件资源的集中统一云化调度，提升了数据中心管理水平和服务效率，实现华夏银行数据中心云架构转型目标。

华夏银行私有云平台实现了不同私有云间资源的弹性伸缩、跨云迁移、跨云容灾，并可对接公有云接口提供相关服务；采用软件定义计算、软件定义存储、软件定义网络技术，实现了资源动态调整；基于标准化的服务目录管理机制，提供面向金融应用的资源一键部署和弹性扩容；基于流程引擎技术，实现了可视化的资源编排和监控。平台涵盖了华夏银行"两地三中心"的数据中心以及数据

中心内的开发测试、准生产和生产环境，涉及底层物理设备约有 500
台 x86 虚拟化环境、200 台物理机、300 台 Power 小机、200 台存储设
备等。通过云管平台整合多套运维系统，极大地提高了数据中心系
统交付能力。

华夏云整体架构

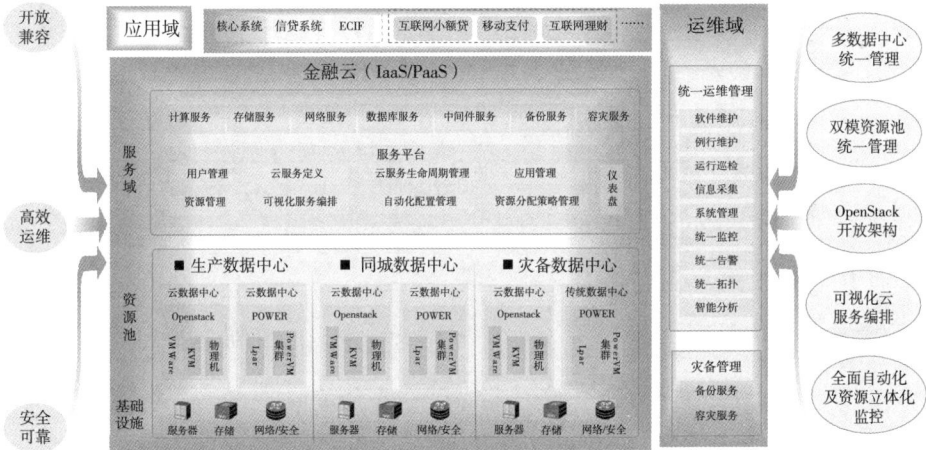

图 2-3　华夏银行云整体架构图

中信银行构建集中、统一的总分行协同开发的特色业务云平台。
平台包括总分行协作的开发平台、全行统一的业务处理平台和总分
行协作的运行管理平台，解决了分行特色业务响应效率低、系统复
用性差等难题，加强了行内外 IT 资源的集约化使用，节约分行 IT 系
统硬件和运维的成本，缩短了应用研发周期，提升了全行科技水平，
更好地支持了分行业务营销。

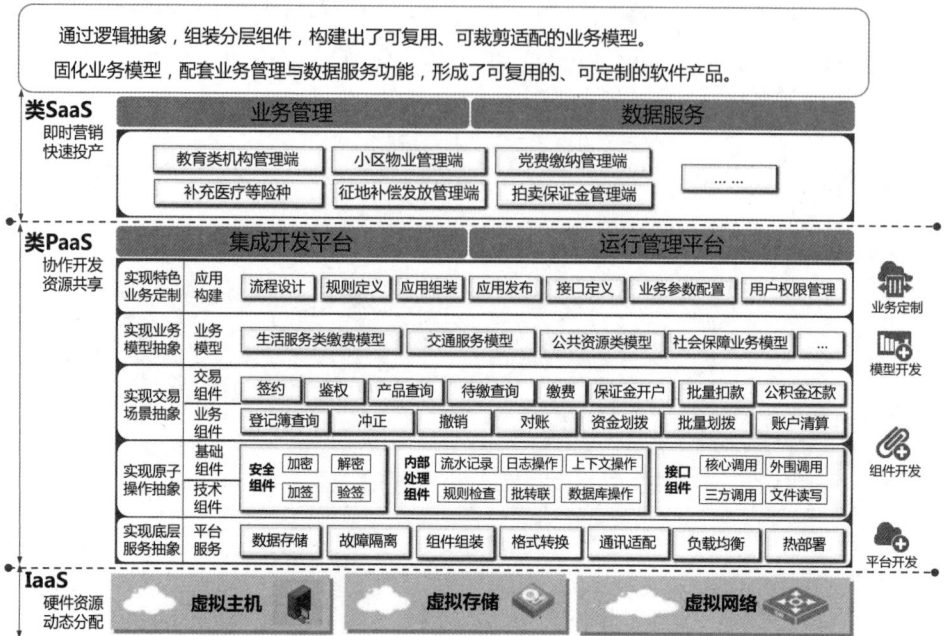

图2-4　中信银行分层云架构图

　　中信银行特色业务云平台实现了企业级的模型抽象、自动化的灰度发布、即时的热部署、动态的横向扩展以及多级故障隔离，搭建了开放的互联网融入体系，运用松耦合的架构设计，采用异构兼容的微服务模式，搭建了可视化的集成开发平台，形成了一套总分行协作的快速开发体系。平台已承载788个应用，为中信银行客户提供生活服务、财政、社保医疗公积金、交通服务、互联网缴费、公共资源等领域更优质的服务，促进了零售、公司、机构业务的快速增长，带来了保证金和社保医疗公积金等上千亿元的资金沉淀，同时带动了分行中间业务收入。教育、物业、景区、党费等不同行业的互联网缴费应用为中信银行公私联动的创新和零售批量获客提供了业务支撑，提升行业竞争力。

恒丰银行从理论和实践出发，结合自身实际情况，建设了恒丰银行金融行业云，突破了当前互联网公有云在技术架构和安全性等方面存在的局限性，解决了银行业系统架构与功能耦合度高导致系统无法快速响应业务变化且集成和维护成本高的问题。自主研发的面向应用运维的全生命周期云管平台，对应用系统部署进行统一建模，支持面向应用运维的自助服务。平台利用开源 OpenStack、KVM、Ceph 构建金融 IT 基础设施，实现多中心分布式架构和 IOE 传统商业化产品的统一调度管理。网络系统全面实现 SDN 化，通过 MPLS VPN 网络连接各分支机构、营业网点和多个总行数据中心，实现总分行 IT 系统扁平化、集约化管理。

恒丰银行应用系统现已全部部署于云环境，主要基础设施全面资源池化、自动分配部署，业务应用投产效率大幅提升，业务系统可用性、连续性水平显著提高。

中国建设银行基于"互联网+"思维，以场景化的行业应用为切入点，面向个人及中小企业客户构建了线上线下一体化、灵活、开放、泛在的互联网缴费云平台，满足中小型商户在缴费流程、个性化清算、跨行支付、非金融业务管理等方面的需求，解决了以往分行特色业务专线接入存在的部署周期长、响应慢、效率低、成本高等问题。

互联网缴费云平台通过模板化、参数化、定制化设计，为个人客户提供场景化的缴费服务，为企业客户提供个性化的行业服务；通过整合各种信息，建立了集信息流、资金流、业务流于一体的综合性服务模式；通过应用分布式多级缓存，提高了平台效率，缩短了系统响应时间；通过线上线下一体化的支付渠道，满足客户多元化需求；采取核心服务和非金融服务隔离部署的安全策略，既支持行业应用的开发部署，又能做到行业应用的风险隔离；采用接口化服务，丰富分行和第三方行业参与缴费生态建设；采用数据加密的方式进行访问控制，并运用非对称加密算法等技术手段，为客户的安全支付保驾护航。平台不仅通过创新服务提升了客户的忠诚度和信任度，通过推广其他产品，为其他业务带来交叉销售机会，而且提升了建设银行社会知名度和品牌价值，同时扩大了客户群体，带来了巨大的经济效益。截至 2018 年底，该平台入驻商户数量已突破 5 万家，2018 年服务客户超过 2500 万人次，年交易金额达 750 亿元。

中国光大银行基于行内自主研发平台（POIN），利用分布式技术构建 SaaS 模式对公综合金融服务云平台，实现了多银行账户管理、收付款服务、结算服务、融资服务、票据服务、投融资服务、风险管理等一体化的对公综合性金融服务功能，形成了向企业客户输出金融科技服务的能力，构建了一个开放、合作、共赢的产业生态体系。平台采用 OpenStack、超融合架构技术构建基础设施资源池，输出银行专业的 IT 服务，降低客户的运营门槛和成本；采用 Nginx、Redis 等技术构建了具有资源弹性管理能力的应用，能够快速有效为客户提供高并发、周期性背景下的应用服务；采用 Netty 双向链接等技术嵌入到客户的各种业务场景中，能够为客户提供运营、账管、结算、融资等综合服务；采用共享研发模式，实现了银行研发资源对企业需求的快速响应。平台已经在全行进行推广，极大满足了企业对综合性金融服务的快速要求。

中国银行利用私有云、软件定义网络等技术，实现了面向各分行的私有云服务平台，对资源进行统一运维和管理，创造了新的服务模式和运维方式。平台以云服务为核心理念，实现了资源的"一键"申请，可快速完成应用系统的资源划分与部署，通过与自动化运维平台对接，实现了常用应用组件的自动化安装，通过与 SDN 控制器对接，实现具有 IP 地址自动分配的网络资源自动部署能力以及网络端口自服务化开通等安全策略配置功能。平台满足了各分行 IT 基础设施的差异化需求，为各分行创新业务的发展奠定了安全、可靠、坚实的基础。

二、推动行业云建设，拓宽同业合作途径

随着互联网及移动互联网的发展，中小银行面临三方面挑战：一是客户群趋于年轻化、线上化、移动化；二是来自跨界及互联网金融的冲击；三是金融同业们转型轻资产并纷纷发力互联网金融，地方性银行市场面临严峻考验。对地方性中小银行来讲，破题的关键在于把握趋势，联合合作伙伴构造强大便捷的线上及移动端能力，提供丰富的金融产品，满足本地客户的需求，并保障基层客户资金安全。

深圳前海微众银行构建基于"SaaS +"模式的"微动力"银行业金融科技合作平台，通过"SaaS +"方式连接中小银行，优势互补，创新产品，为大众客户提供优质、安全的金融产品和服务，帮助中小银行建立新的"获客"和"活客"模式。

在传统云计算 SaaS 技术服务基础上，平台叠加了微众银行金融产品、账户能力、产品体验、互联网营销等能力，构建了微动力"SaaS +"模式。在银行同业合作中，采用 APP in APP 技术方案，将微众银行的直销银行 APP 功能以 SDK 方式嵌入在中小银行的手机银行 APP 中，降低了中小银行的技术门槛和成本投入。通过"账户 +"

解决方案，帮助客户远程在线开立微众银行Ⅱ类户并定向绑定合作银行Ⅰ类账户，使客户享受两个银行联合的产品和服务，改善了用户金融服务体验，开创了独特的同业合作模式。平台已签约银行27家，正式投产对外21家。目前，平台资产管理规模近50亿元，平台累计交易额超过500亿元。

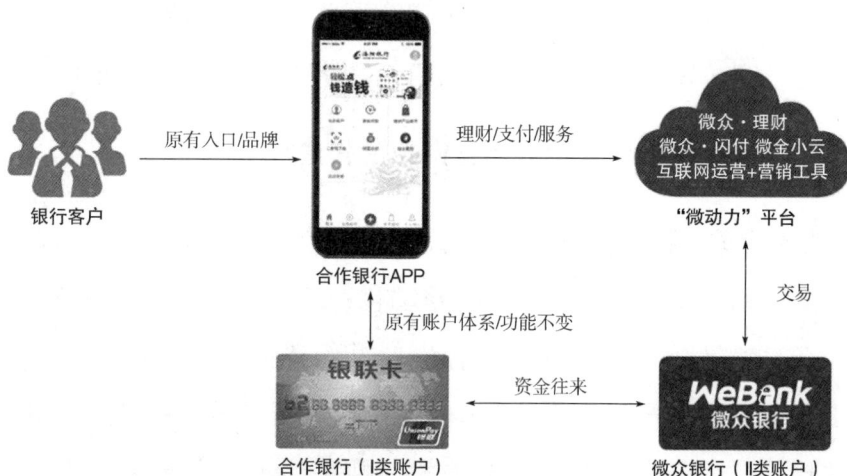

图 2 - 5　"微动力"银行业金融科技合作平台业务流程

第三节　探索前沿技术，区块链应用变革传统业务

区块链技术近年来一直受到广泛关注，其分布式去中心化存储、不可篡改和信任共享的特点，拥有在金融领域应用的先天优势，具备改变金融基础服务模式的巨大潜力，并将带来商业模式上的变革。目前，各大银行正逐步探索区块链技术，加强基础研究，提高区块链研发及输出能力，在信用证、银行间对账、精准扶贫及金融资产

交易等多个场景进行落地。

一、推进区块链平台建设，提供基础技术支撑

区块链目前已成为金融科技领域的新兴主流底层技术，加快对区块链技术的研究应用，有利于提升我国金融创新核心竞争力，争取国际金融战略的制高点，助力金融更好地为实体经济服务，具有很强的战略意义。

数字货币研究所自主研发能够应用于数字货币、数字票据等金融应用场景的区块链底层平台，可为金融行业运用区块链进行科技创新提供安全可靠的基础底层技术支撑。该平台主要包括四个方面的创新：一是实现多层架构的区块链底层平台，完成 7 项功能模块改进。采用分层架构设计，将系统分为数据层、网络层、共识层、合约层、接口层和界面层，上下层间功能充分解耦，便于系统的持续演进。在隐私方案、用户权限管理、原生合约支持、共识机制、紧急干预机制、资源配额管理、国密算法支持等诸多方面作出多项创新，形成解决方案并获得相应的技术专利。二是率先提出适用于金融业务场景的治理机制。治理机制包括共识节点动态管理、业务准入管理、合约模板管理、紧急干预机制等。三是制定多层次多角度的数据安全与隐私保护解决方案。此方案融合同态加密、零知识证明、加密硬件、私有合约等多项创新技术，从基础安全、数据安全、通信安全、应用安全、运行安全五个层次，以及身份标识与认证、保密与隐私性、完整性、不可否认性、可用性五个角度出发为应用场景提供数据安全与隐私保护解决方案。四是采用多项关键技术兼容现有金融信息系统，降低接入难度。创新研发包括智能合约测试

框架、定时任务、监测系统、配额管理在内的多项关键技术，通过中间件组件对接现有金融信息系统，封装区块链各种概念和底层查询接口，降低重复开发成本，提高开发效率，降低开发人员的上手难度。平台在隐私方案、智能合约支持、用户权限管理、治理机制设计等方面具有原创性和先进性。平台不仅应用于数字货币原型试验场景，也为基于区块链技术的数字票据交易平台提供底层支撑。

二、探索区块链应用场景，加快应用创新落地

目前，国内多家银行加紧以多种方式积极介入区块链技术应用创新，银行业也在积极探索区块链可能切入的应用场景，解决业务上存在的问题，加快应用创新落地。

中信银行和中国民生银行为解决国内信用证业务效率较低、安全性不高、透明度较差、纸质凭证存在造假的可能性等问题，合作开发了"基于区块链的国内信用证信息传输系统"，将区块链技术应用于国内信用证的开立、通知、交单、承兑、付款等各环节，缩短信用证及单据传输的时间，提高信用证业务处理效率，增强信用证业务的安全性。利用区块链的实时读写以及实时验证功能，将国内信用证相关信息进行实时传输，加快资金周转速度。

系统通过引入主流的开源技术，构建了开放、标准的技术平台，实现了国内信用证交换体系；在区块链各节点间利用健壮的加解密算法和安全协议来保障客户端与服务器之间所有连接的安全，采用统一的公共密钥基础设施（PKI）机制来解决成员间的信任和责任问题，使用国密算法进行强加密，进一步防止数据泄露；在开发运营中对定制化成员管理功能、零知识证明、环签名等安全方案，多种

共识算法、分片技术、状态通道等前沿技术进行了持续跟踪和应用；通过可视化监控管理平台提供完善监控功能，便捷操作，避免非系统错误，实现网络节点的高可用性，通过将原生的区块链系统底层接口与资源管理封装为整体服务，实现统一代理服务；建立了区块链在银行间国内信用证业务的业务标准和技术标准，把区块链信任机制巧妙地与信用证的信用属性完美连接，解决了国内信用证的业务痛点，具有极大的业务拓展空间，推动了创新技术的落地，跨出了单个法人主体，建立了平等、共享、共同合作开发的区块链联盟，为贸易金融类产品的区块链应用奠定了基础。目前，已接入中国民生银行、苏宁银行、中信银行，链上发生业务量达 20 亿元人民币以上。

深圳前海微众银行建设基于区块链的合作机构间对账平台，实现业务流水的联机写入和旁路对账，为金融机构间的清算和对账提供高效准确的账目服务，提升了查询对账效率，降低了运营成本，解决了业务发展过程中合作行无法实时了解账户信息、贷款借还明细与记账差异因素以及合作双方的流动性管理难等问题。

合作机构间对账平台引入开源区块链技术，并对区块链底层系统深度定制，通过实施代码开源审计，保证了技术安全可控；通过机构准入、存储加密等功能，保证了数据的一致性、准确性和不可篡改性；通过云服务架构，标准化软硬件模块，提供了快速交付能力，降低系统建设运维成本；通过提供二次开发接口和业务管理功能，提升机构协作效率；通过修改区块链共识机制实现了准实时的数据同步，满足了协作和安全要求。平台交易能力超过 300 TPS，查询能力超过 500 TPS，系统区块链账本交易流水达到千万级别。系统作为区块链技术领域中进行业务落地探索的重要样本，对促进区块链技术在行业的普及应用具有重要意义。

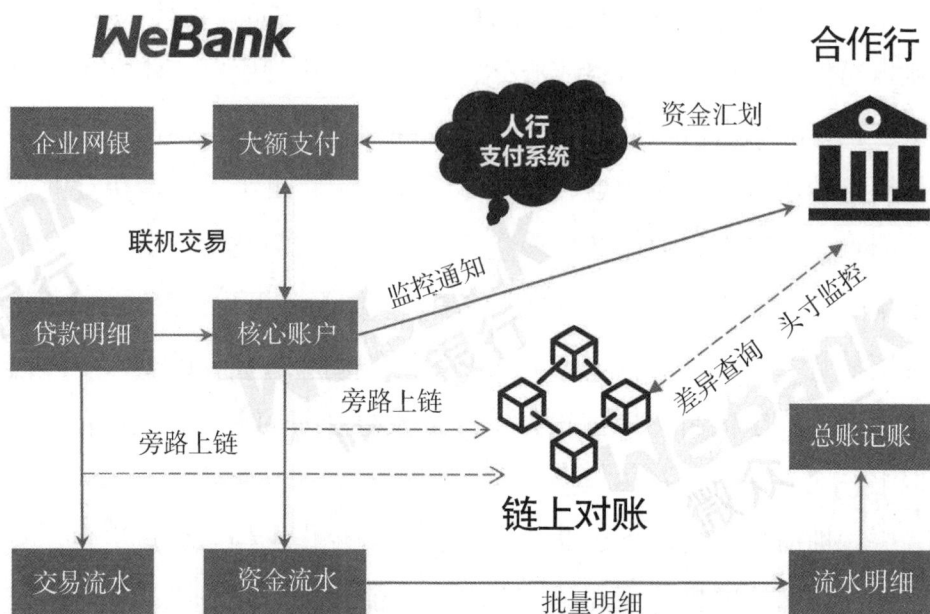

图 2-6　深圳前海微众银行基于区块链的合作机构间对账平台

中国工商银行基于区块链技术建立了分布式、联盟模式共治的平台化运作体系，推出了精准扶贫基金管理及金融资产交易平台两个创新应用场景，实现了"扶贫基金募集＋用款审批＋投后管理""投资＋融资"的一体化服务体系，营造了透明、成效、可追溯、可监管的金融生态，创新了金融服务模式。通过积极运用以区块链技术为代表的金融科技，创新金融服务模式及金融业态，大大提高了扶贫基金管理效率和透明度，助力国家精准扶贫大政方针落地，也提高了金融资产流通效率、降低了金融交易信用成本。

第四节 小结

银行数字化转型是数字化时代银行发展的必然趋势。为加快数字化转型，银行业拥抱金融科技，密切跟踪、研究、应用大数据、云计算及区块链等新技术，逐步加深对金融科技技术的理解和应用。推动大数据平台建设，挖掘数据价值，全面推进业务系统云化，加快区块链应用从"概念式验证"到"生产级应用"的转变。利用科技赋能传统金融服务，构建全生态金融产业链，提高银行在业务创新、风险管控、体验升级和经营效率等方面的能力，运用科技手段突破金融发展瓶颈，降低金融服务门槛，推动银行业的金融服务模式和经营决策模式转变，使银行业发展提质增效，进而实现数字化银行目标。

第三章 深化金融科技应用，
打造金融服务新业态

近年来，移动互联网、人工智能等新技术持续深化应用，对各行各业产生了积极而深远的影响，人们的日常生活也因为科技手段的融入变得更加美好和丰富。银行业在技术变革外部驱动和转型发展内生需求的作用下，也在加快移动互联网、生物识别、智能穿戴等技术在各类金融服务场景的应用，通过深度融入科技手段，持续创新金融服务模式，加大新型金融产品供给，推动金融服务从线下网点向线上延伸，将金融服务进一步拓展到衣食住行、医疗教育等重要民生领域，从而提高金融服务实体经济能力，提升用户满意度，实现金融服务新飞跃。

第一节 积极拥抱互联网，
金融业务与场景深度融合

经过二十余年的持续建设，互联网基础设施已日益成熟，移动通信技术已升级到第四代，不断丰富的移动端应用使一部终端走天下成为可能，同时银行主流客户群体已发生代际迁移，年轻一代普遍希望随时随地获取个性化的金融服务，消费习惯线上化趋势明显。面对技术潮流和客户诉求发生变化的时代背景，银行业积极拥抱互联网，借助互联网技术突破物理空间和时间的限制，面向个人、对公、同业等客户群体，延伸服务半径，融合连接金融服务和非金融服务场景，利用银行拥有庞大客户群体的优势，持续发力 C 端场景化服务，探索 B 端服务线上化，在面向同业、大型集团的服务中融入互联网基因，满足多层次、多样化的金融服务需求，让金融服务"无处不在，无所不能"。

一、丰富个人服务场景，提供"一触即达"服务体验

面对互联网金融创新浪潮，银行业顺应时代潮流，突破传统银行服务模式和经营方式，践行"开放、合作、共享"的互联网思维，构建金融服务生态圈，面向个人客户群体建立线上服务入口，拓展服务边界，打造集生活、消费和金融服务于一体的开放式、互动型、综合化的消费服务平台，深挖商品流、资金流、信息流等数据，实现商户、客户深度营销，并为银行客户结构优化、市场未来布局、加速转型发展提供数据支撑。

工商银行线上线下一体化生活消费平台创新运用互联网思维和开放的合作模式，围绕信用卡、消费信贷和移动支付三大业务，支持扫码支付、指纹支付、一键支付等多种移动支付方式，提供信用卡权益全掌握、贷款线上"秒批秒贷"、消费优惠"一网打尽"的一站式极致服务体验，为客户提供更加便捷、高效的场景化金融服务，满足移动互联网时代人们"一触即达"、指尖上即可完成的消费需求。在技术实现方面，为适应移动互联网时代客户需求快速变化、

安全保密诉求强烈、服务连续运行要求高等特点，通过服务化及可配置式的产品研发及发布机制，实现了业务产品便捷定制和快速上线；通过同城双活和异地灾备的两地三中心运营模式，确保互联网应用的业务连续性；采用分布式缓存技术、分库分表、CDN 加速技术、页面延迟加载等技术，提升了系统处理能力；采用大数据分析和挖掘技术建立风控模型，实现了业务自动化处理以及智能风险防控；通过手机内置 SE 安全模块等实体介质存储银行卡信息提升安全性，通过页面敏感数据加密和防篡改、动态验证码等技术，满足了系统安全性要求；基于分级多因子认证和生物识别技术，建立安全高效、跨平台统一的身份认证和支付验签体系。

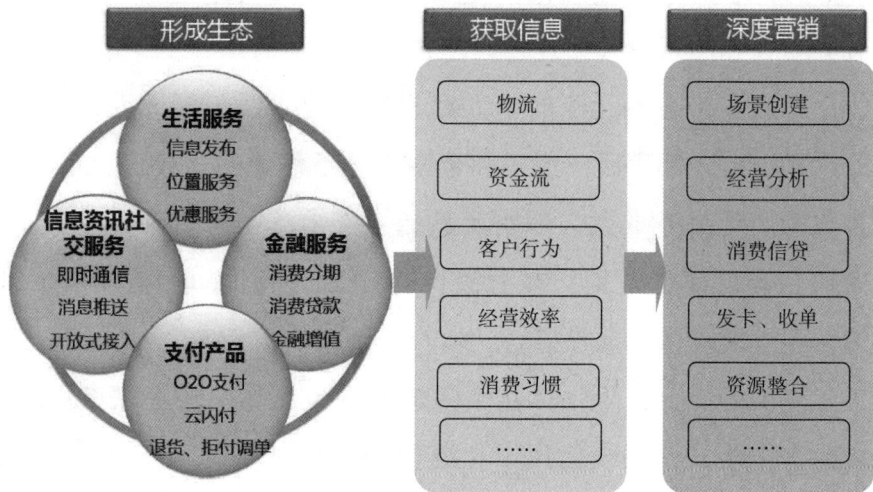

图 3-1 工商银行线上线下一体化生活消费平台

该平台上线后社会反映良好，为客户提供了"一站式"金融服务，可涵盖各类消费场景，提供了线上线下优惠"跟随客户走"、持卡人权利"客户随身带"的良好体验，同时通过"商户之家"架起了商户、银行、客户之间的桥梁，解决了银行为商户提供 O2O 服务的最后一公里问题，在为客户提供"指尖上""一站式"服务的同时带来了良好的经济效益和社会效益。随着"工银 e 生活"不断丰富金融生活服务场景，与生活无缝连接，应用前景广阔，将全面提升工商银行在互联网金融领域的核心竞争力。

交通银行移动金融服务平台将转账、账户查询、购买理财、信用卡还款等常用个人客户类金融服务从线下迁移到线上，支持直播、网点预约、金融日历、银行卡/身份证扫描、手势密码等功能，满足了客户对金融服务便利化、快捷化的需求。该平台通过服务分流、分层限流、服务降级、异地灾备等技术手段，达到高可用性要求；通过应用拆分、数据库拆分、统一代码版本等技术手段，达到高可扩展性要求，可支持水平弹性扩容；通过后台数据缓存化、前台离线资源 CDN 同步、功能模块按需下载等技术手段，满足后台系统资源低消耗要求；采用类原生的客户端/HTML5 混合式编程模式，在关键交易上使用类原生客户端开发模式提升系统性能，在资讯展示类交易上使用 HTML5 开发模式缩短新功能投产周期。该平台上线后，预计可为交通银行每年产生和节约各类收入与费用共计折合约 50 亿元人民币，在节约服务成本、增加中间业务收入方面发挥重要作用。

二、拓展对公服务场景，助力企业信息化管理

除面向个人客户提供线上化的金融服务之外，银行业同时也在持续拓展对公客户服务场景，针对集团财务管理信息化水平不高、对公账户开立烦琐等痛点，将互联网服务与业务场景充分融合，提

升企业客户财务管理的便利性，进一步促进银行与大型集团客户的业务合作，解决企业痛点。

交通银行针对集团公司财务管理信息化提升的诉求，设计开发了集团客户财务公司业务处理系统，全面融合新一代核心技术架构体系、成熟的金融业务运营和风险管控经验，兼具银行标准化与财务公司灵活性，提供客户管理、账务管理、支付结算、信贷票据、同业外汇、风险管理、财企集成、监管报送等 29 个业务模块、千余项业务功能，能够为财务公司提供一站式的业务服务，有效规范财务公司业务流程，提高业务处理水平和风险防控能力，提升信息化建设水平。

在技术实现方面，结合财务公司业务属性对应用进行分类、整合，形成了渠道控制层、服务控制层、公共业务组件层三层服务架构，借鉴微服务理念对 SOA 架构实现了精细化升级，有效提升系统的拓展能力，加快开发部署速度，能够快速满足业务需求；通过引入 Kettle、Quartz、ECharts 等成熟的开源框架，实现系统整体架构的轻量化，降低硬件资源配置要求；通过构建可配置的财企平台，实现了系统、接口、通道、协议的在线定制，有效解决了外部系统繁杂环境下的对接问题，同时提高了系统的安全性；通过构建交互式的决策分析平台，实现了对财务公司业务数据的多维分析，用户通过简单的拖曳即可实现数据的切片、切块、上卷和下钻，提升用户操作体验，为企业决策提供更多依据。

在系统推广方面，交通银行优选合作关系、业务前景良好的优质集团客户，采用"一户一策"的差异化营销策略，实现 IT 开发和服务资源合理使用以及综合效益最大化，首家试点客户中国重汽财务公司投产上线后，日均存款增长 10 倍达到上亿元人民币，同时为集团企业客户提升财务工作效率、规范企业财务行为提供了系统化的支持。

招商银行为解决移动支付环境下企业客户账户开立烦琐、分户核算复杂的痛点，搭建多层级与大容量的企业级移动互联网账户平台，创建了基于互联网应用的新型对公账户体系，为客户提供高效便捷的分户管理、移动收付款、自动对账等服务，实现了企业基于互联网金融的结算与融资需求。平台采用微服务化和组件化的服务架构，实现了内部账簿、招标管家、电商宝等差异化产品组件的插拔式管理，可快速响应互联网各行业的需求。平台可广泛应用于大型集团企业、交易中心、零售企业、电商行业等领域，自项目推广以来，已成功签约腾讯科技、华为、招商证券等知名企业。截至2017 年 9 月，平台签约客户数超过 13 万户，互联网账户数超过 160万户，交易金额累计超过 7 万亿元，资金沉淀超过 300 亿元，满足了招投标平台、电商平台、供应链企业、行政事业单位、零售连锁企业基于互联网金融的结算和融资需求，简化了客户操作流程，减少了企业的财务管理成本，也降低了银行的人力运营成本和账户管理成本。

三、构筑同业互联平台，重塑合作场景新形态

在利率市场化进程加快的背景下，银行业各金融机构持续开展创新合作，以"同业＋"互联网模式构筑互联合作新生态，创新同业合作场景，助力中小金融机构降低成本、提高经营效益。

中信银行面向同业客户建设"同业＋"互联网金融平台，聚焦城商行、农商行、农信社，服务覆盖股份制银行、证券、基金、信托、保险、期货、金融租赁、财务公司各类金融机构的同业交易需求，提供综合化、开放式互联网服务，支持同业客户统一接入，实现资金、网点、产品、系统方面优势互补、资源共享，遵循"开放、平等、协作、共享"的互联网思维，整合各方优势资源，重塑同业交易的新形态，拓展同业合作的内涵与外延，打造新的价值增长点。

"同业＋"互联网金融平台全面采用中信银行自主研发的基础架构，实现了对关键技术完全自主掌控，可为后续众多系统建设提供借鉴，为"同业＋"互联网金融平台未来发展奠定了坚实的基础；采用前后端分离开发模式，兼容各类前端请求，服务端基于 RESTful Service 接口和 JSON 报文，应用分布式数据库技术，适应互联网浪涌式访问特性，提升系统弹性处理能力。该平台支持中信银行快速拓展同业业务，有效防范了同业业务操作风险，有力支撑了中信银行同业业务战略落地。系统上线后运行平稳，社会效益、经济效益显著。截至 2017 年底，签约中信银行"同业＋"互联网金融平台的客户达到 875 家，交易量超过 1.6 万亿元。

兴业银行基于分布式、金融云技术构建银银合作平台，包含财富管理平台、资产交易平台和支付平台三大平台业务，为兴业银行互联网金融门户"钱大掌柜"提供更加灵活的系统支撑，实现了统一的客户视图管理，建立了独立于银行核心业务系统的互联网账户中心，完善了支付和合约订单管理功能，丰富了互联网合作运营的手段，为银银平台业务合作植入互联网"基因"，助力实现银银合作共赢。该平台采用分布式架构支撑海量用户的高并发访问，提升平台业务支撑能力，克服了单体式架构的扩容瓶颈，能够为大量的互联网终端用户提供服务；基于标准化开源技术框架灵活支持平台业务，有利于快速提升系统技术能力，满足用户多变的需求；通过应用解耦支持金融产品快速灵活创新，形成了"高内聚、低耦合"的能力中心子系统，提供了可复用的细粒度服务；使用开放标准和轻量级协议，支持开放互联并保障安全性，同时支持传统报文接口协议、开放标准和轻量级协议。

图 3-2　兴业银行银银合作平台特点

　　银银合作平台为同业客户搭建了集产品供应、资产管理、市场销售等于一体的互联网金融平台。截至 2017 年末，合作客户达 1324家，同比增长 22.82%；期内累计向中小金融机构及其终端客户销售财富管理产品 20453.62 亿元，同比增长 6.40%；支付结算金额44487 亿元，创历史新高。

第二节　植入智能基因，促进金融服务提质增效

人工智能成为金融科技最为热门的技术领域之一，全球主要银行纷纷通过建立人工智能项目团队或实验室等方式，加快技术研究与应用，一批人工智能创新成果已经从实验室走向银行经营服务一线，开始在投资顾问、交易银行、在线服务、身份验证等领域广泛应用，金融服务智能化时代的大幕已经开启。银行业顺应人工智能发展态势，将人工智能、生物特征识别等"智慧型"新技术应用到金融服务领域，重构业务和服务流程，有效提升金融机构的服务效率，拓展金融服务的广度和深度，从而加快金融服务向智能化服务模式转型进程，实现金融服务质量、金融服务效率双提升。

一、探索业务新模式，金融产品供给"百花齐放"

交通银行嵌入式全场景现金管理工具将货币基金（证券资产）与银行传统金融服务无缝对接，借助传统商业银行线下金融服务支持，通过连接货币基金账户和活期存款账户，实现了货币基金 T+0 转出实时到账，7×24 小时灵活操作，使得客户可同时享受货币基金收益和活期账户的流动性，满足了零售客户活期增值、便捷支付的现金管理需求。该工具创新地通过银行账户与基金资产智能联动自动转入转出，实现融合线上线下金融服务渠道无缝支持客户操作，支持 ATM 取现/柜面取现、POS 消费、转账汇款、在线支付（支付宝/微信支付等）、自动/自助的信用卡还款和贷款还款等。该项目通

过热点账户动态拆分以分散热点数据访问，设计多层数据缓存以应对高并发，支持"组件化＋参数驱动"实现业务灵活管理，提高了系统负载能力和功能灵活性。

嵌入式全场景现金管理工具为客户提供了更灵活的资产管理解决方案，在不降低客户资产流动性的前提下，仍然能够提升整体资产收益率，满足了社会公众对银行理财高收益、高流动性兼得的诉求，提升了银行账户理财产品对客户的吸引力，同时为银行吸收存款、提升中间业务收入提供了有效手段。

平安银行搭建基于分布式架构标记化支付应用的互联网支付结算平台，支持高频互联网标记化支付应用，基于分布式架构技术实现了横向无限制扩充支付支持能力，为客户常态化抢购、"秒杀"等支付提供了稳定、高效、安全的支付体验，为平安银行应对快速增长的移动支付市场，扩大市场占有率提供了有效的系统支持，在平安银行零售转型工作中发挥了积极的作用。该平台引入分布式弹性架构和标记化支付模型，支持服务器和数据库等基础架构资源的横向扩展，实现系统无限制扩充支付支持能力；基于数据多副本、分库分表等措施，提升了系统可用性和可靠性；采用 XML 报文结构和标准化测试模板，实现支付公司的快速接入和灵活扩展；通过 Token 标记化支付模型，保障了客户信息安全，通过构建灰度发布模型，实现了平台的稳定运营和不间断提供服务能力，提升客户支付体验。平台投产以来，为客户便捷用卡提供有力支撑，提高客户黏度和扩大银行品牌影响力。随着更多支付公司的接入，将持续创造更多的经济效益。

广发银行推出支持蓝牙空中发卡和公交卡空中充值的智能手环，

集金融支付、公交出行、运行记录、步数积分兑换、慈善捐赠于一体，为消费者提供了全新的移动金融服务体验。客户通过广发银行G－Force APP完成智能穿戴产品与信用卡的绑定后，即可利用智能穿戴产品作为信用卡的支付介质完成金融支付、健身记录、公共交通和慈善捐赠等功能。该项目支持 Token 个人化数据预制，即在后台系统预先准备一定量的 Token 个人化数据，当客户申请设备卡时，Token 个人化数据已经提前生成完毕，可以直接发送个人化指令完成手环的"空中个人化"。这一技术使得广发 G－Force 手环的"空中个人化"时间可压缩在 20 秒内，并实现介质生命周期管理模块和介质数据池管理模块的分离，在对管理用户透明的情况下支持对两种模式发行 Token 的统一管理，通过内外部报文适配实现与公交公司应用等新系统的快速对接。该项目自推广以来，实现了移动支付业务的大胆创新，提供了更丰富的移动支付场景和更安全的交易体验，增强了银行的获客力和客户黏性。

浙商银行推出个人财富管理"互联网＋池化"产品——增金财富池系统，运用互联网思维创新个人贷款和信用卡额度的授信方式，在提升客户体验的同时增强银行风险管理能力。通过该系统客户可通过质押流动性较差的金融资产及非金融资产，快速提升个人贷款或信用卡授信额度，从而降低客户融资成本。该系统通过引入外部风险数据并结合行内业务数据，采用基于大数据技术的反欺诈交易模型进行实时分析，设计了资产风险规则、个人征信规则、信用风险规则、客户黑名单规则；采用云计算技术整合各种计算资源，根据预设的关系比例、资产风险系数、质押率、额度运算等计算模型，从资产风险等级、资产之间关系等维度统一计算获取额度；采用 SSL

加密协议、输入控件技术、二维码验证、安全设备等措施，建立全方位的安全体系，保障客户资金安全，保障数据传输和客户敏感信息的机密性和完整性。截至 2017 年 11 月，金融资产池贷款累计放款 14.26 亿元，非金融资产池贷款累计放款金额超过 25 亿元，信用卡累计提额 4.91 亿元。

二、应用智能化技术，金融服务体验持续升级

交通银行智慧现金系统通过建立科学的多维度库存现金预测模型，代替当前人工测算的方法，为网点现金调拨提供参考，解决当前网点现金调拨存在的预测准确率不高、现金使用率低、网点和金库人员工作量大和效率低等痛点问题。该模型包括多重维度：第一维度主要是细粒度的基础数据，包括银行网点每日的借入现金、借出现金、库存现金余额、大小面额现钞预约金额；第二维度主要是根据第一维度的数据，进行数据加工和分析，得到银行网点历史现金使用量的连续数据及银行网点历史预约记录的离散数据，并分析其对应的数学性质；第三维度结合第一维度的数据和第二维度的分析，利用公式预测商业银行各机构下一日的现金使用量，并给出对应的调拨计划。该项目实现了完整的银行网点现金管理功能，提供网点现金库存限额建议值，为上级管理部门制定限额指标提供参考依据，提供现金配送汇总表、网点现金使用量汇总表等多维度报表，支持全方位参数化配置，保证调拨预测模型适用于不同类型网点和多种调拨计划类型，支持网点现金调拨限额定制化，支持假期表、线路信息、配送线路定制化。系统在多个网点试点运行后，网点库存压缩效果明显，能有效降低现金运营成本，提升金库和网点的操

作效率，节约人力资源成本，同时有效规范业务操作流程并实时监控和报告异常操作，降低差错率和操作风险，降低库存超限率，有效降低现金运营风险。

广发银行移动金融综合服务平台建立了全行集中统一的客户经理移动工作平台，客户经理可以根据特殊用户的需求，携带终端上门，为客户提供近距离、全方位的移动金融服务，突破了网点地理位置以及营业时间的限制。该平台结合身份联网核查、人脸识别、指纹认证、电子签名等技术辅助手段，实现 3 分钟现场快速开立个人借记卡，10 分钟完成信用卡快速申请办理，15 分钟内快速完成对公开户并生成客户账号，既提高了业务办理效率，又解决了客户必须临柜的痛点问题。截至 2018 年 4 月，广发银行移动金融平台已覆盖全辖 43 家分行、892 个支行机构，累计办理 1000 余万张信用卡、84 万张借记卡，取得了良好的经济效益和社会效益。

招商银行积极应对移动互联网时代的趋势变化，建立互联网智能交互系统，满足客户以手机为中心的移动化、碎片化金融服务需求，实现了客户经理与客户之间安全、高效、实时互动，提供异步式、碎片化、可定制的金融服务模式。该系统在技术实现方面，基于可嵌入即时通信 SDK 为其他 APP 提供即时通信服务，单机可支持 90 万长连接，消息推送能力支持 10000 TPS，采用了用户认证、设备认证、应用认证和数据加密技术，符合安全性要求。通过接入手机银行、企业银行、移事通和招赢通等数个 APP 和几十个业务系统，服务用户数超过 3000 万。

兴业银行将传统银行服务和科技创新有机结合，打造高效安全、满意度高、成本可控的发展模式并推出智能化柜台，业务全流程无须填写申请单，自动获取身份证信息，简单选择所需业务，只输一次密码、进行一次签字确认即可完成，为客户带来充满智慧的便捷体验。智能化柜台应用人脸识别、证件识别、远程授权等技术，使得开卡签约类业务从15分钟缩短到2分钟，既分流了人工柜台的服务压力，也能够准确识别客户，防控业务操作风险；通过植入APP页面设计元素，使得菜单设计更加简洁，界面操作更为流畅，更具时尚质感，提升了客户满意度。据统计，智能柜台对传统网点交易替代率已达89.63%，服务效率较传统柜面提升58.2%，智能柜台一天的交易量相当于1200名柜员满负荷的工作量，可进一步解放人力资源，降低人力成本。

第三节　小结

得益于移动互联网、人工智能等新技术发展，银行可有效地突破时空界限等限制因素，提升"触达"及"连接"客户的能力，将金融业务融入银行客户的日常生活场景，使得银行客户可以摆脱时空束缚，随时随地、更加快捷地享受全新的金融服务体验。银行业已充分意识到网络时代个人、企业、同业用户的需求变化，积极探索并应用新技术构建全新的金融服务模式，以网络支付为基础、移动支付为主力，对传统银行服务进行数字化、智能化改造，构筑线上线下移动化智能化为一体、多渠道融合的服务体系，为客户提供更加丰富的金融产品，实现金融服务新飞跃。

第四章 助力精准施策，打通数字普惠金融"最后一公里"

普惠金融是指立足机会平等要求和商业可持续原则，以可负担的成本为有金融服务需求的社会各阶层和群体提供适当、有效的金融服务。发展普惠金融，有利于促进金融业可持续均衡发展，推动经济发展方式转型升级，增进社会公平和社会和谐，引导更多金融资源配置到经济社会发展的重点领域和薄弱环节。大力发展普惠金融，是金融业支持现代经济体系建设、增强服务实体经济能力的重要体现，是缓解人民日益增长的金融服务需求和金融供给不平衡不充分之间矛盾的重要途径，是我国全面建成小康社会的必然要求。

党中央和国务院对发展普惠金融高度重视，习近平总书记在党的十九大报告和全国金融工作会议上都强调要建设普惠金融体系，加强对小微企业、"三农"和偏远地区的金融服务。银行业积极响应国家战略号召，深度挖掘以"三农"、小微企业为主的金融需求，分类施策，精准发力，利用数字化、智能化手段，为打赢脱贫攻坚战、支持实体经济发展提供了支撑。

第一节　引导金融资源配置，
提升金融服务精准度

各类新技术创新为银行业务转型、服务优化提供了新思路与新工具。银行业洞察长尾客群融资消费需求，加大对长尾市场的服务力度，通过产品和技术创新降低普惠金融服务门槛，实现市场细分，精准满足小微企业、大学生等客户群体的金融服务需求，有力提高了金融服务精细化运作水平。

一、创新业务模式，助力小微企业发展

小微企业是推动我国经济发展、持续深化改革的重要引擎，作为中国特色社会主义经济的重要建设者，小微企业为保障就业、保持社会稳定作出了突出贡献。服务好小微企业既是政治使命，也是银行自身夯实客户基础的必然要求。如何更好地服务实体经济，有效解决小微企业"融资难、融资贵"的问题，是银行业使命之所在。

中国建设银行的普惠金融实践——快贷系列产品开发应用项目基于中国建设银行 IT 核心系统企业级数据集成平台，深入挖掘行内、行外数据，拓展抵押、质押、信用授信来源，广泛引入政府平台、电商平台、金融监管机构、合作商圈以及供应链核心信息等外部数据，在客户精准画像基础上对客户进行分类分层，从而针对不同层级的客户提供差异化的授信、定价、流程和贷款提用服务，提升不同层级客户的营销服务精准度。该项目基于大数据分析技术，实现

对客户的风险分析，对贷款进行多维度实时审批判断，从反欺诈、授信依据变化、资金流向和客户风险交叉识别四个维度设计风险识别和预警模型，第一时间发现和规避银行资金风险。快贷系列产品上线以后在客户体验、员工营销、产品覆盖等方面都起到较好的效果：一是利用客户数据信息，真正实现了在线申请、审批、签约、支用、还款的全流程网络化、自助化操作，客户体验普遍较好，产品市场竞争力较高。二是充分利用系统数据，实现多个系统组件的互联互通，大幅减少人工操作，提升产品标准化、易营销性，客户经理和网点营销积极性提高。三是利用其流程和渠道优势，成为个人网银、手机银行、智慧柜员机及其他信贷业务营销的较好切入点，对促进增户增存增结算有较大带动作用。

华夏银行按照"技术平台对接、市场客户共拓、交易信息共享、服务融资便捷"的总体建设目标，打造了新一代小微企业金融服务平台。基于企业客户平台的信息、交易等功能和数据，运用互联网将华夏银行平台与企业信息系统直接或间接对接，为平台客户及其体系内的企业和个人客户提供在线融资、现金管理、跨行支付、资金结算、资金监管等综合性金融服务，通过整合信息流、物流、资金流，将银行金融服务嵌入企业日常经营过程，实现一站式金融服务。该平台对合作方的资金进行有效监管，通过对内部的子账户管理，包括子账户开立、与结算账户绑定、入金、出金、清算等相关交易，建立了一个有效的、稳定的账户管理体系，为供应链中的核心企业及中小企业提供了更加多样化的"一揽子"金融服务。

中国邮政储蓄银行互联网网贷系统工程借助该行大数据平台和云平台，搭建了基于互联网信息与行内客户信息的大数据风控子系统，建成了互联网信贷应用平台。该项目以中国邮政储蓄银行专属的互联网信贷移动 APP——"邮 e 贷"为移动端载体，累计推出 6 款互联网金融贷款产品：面向邮乐网在线商户的"商乐贷"、面向村邮乐购商超店主的"掌柜贷"、与天猫汽车合作研发面向网上汽车分期客户的"车秒贷"、面向该行存量代发工资客户的"邮享贷"、面向普通工薪阶层客户的"邮薪贷"、面向该行存量房贷客户的"邮家贷"。该项目以丰富的产品体系满足了不同客户群的在线信贷需求，并提供了灵活多样的在线申请渠道，以自动与人工相结合的方式对客户申请进行快速审批，为客户提供了良好体验。"商乐贷""掌柜贷"等互联网网贷产品作为基于"互联网 +"模式的创新产品，简化了金融服务流程，把普惠金融服务延伸至广大农村地区，切实解决小微企业和农村地区客户的融资需求，对发展普惠金融、推动"大众创业、万众创新"，具有较强的现实意义。

中国人民银行济南分行打造山东融资服务网络平台，实现互联网与金融城域网的无缝对接，企业可以随时通过互联网提交融资需求信息。同时，该平台以国家政务信息系统整合共享试点为契机，借助省政务信息共享交换平台整合汇集各部门涉企信用信息，将发改委的企业信用信息、税务部门的纳税信息、农业部门的农村土地确权颁证、工商部门的企业登记信息等数据与企业融资需求打包，实时推送给全省所有银行基层网点，为金融机构审贷决策提供信息参考，有效解决银企信息不对称的问题。通过该系统，银行可以实时查看并对接企业融资需求，属地人民银行可以动态跟踪融资需求的对接进展及对接结果，全方位、多维度地监测和分析融资对接情况，客观评估金融支持重点区域、领域、行业的成效和不足，为各级政府科学决策提供参考。银行也可通过系统对所辖机构对接情况进行分析，适时调整经营策略。截至 2017 年 12 月底，平台共发布企业融资需求信息 3.6 万条、融资需求总额 2.1 万亿元，其中，已对接成功 1.5 万条、对接金额 3900 亿元，综合授信 2420 亿元，中小微企业对接成功占比超过 75%，平台已为越来越多的企业所熟知，受到政银企的一致好评。

泉州银行为服务地方经济，服务广大市民，充分借助泉州作为海上丝绸之路起点的优势，利用民营与小微企业发达的区域经济特点，建设城商行惠民便民金融服务一体化平台。该平台为城乡居民和企业提供差异化、特色化的金融服务，深入融合社区银行建设，为广大社区居民提供便捷的"家门口"金融服务，以"普惠金融"为理念，专业化运营。当前，该平台已部署了七大业务类型，26 个业务品种，涵盖了代收学费、水费、电费、话费、物业费、有线电视、交通罚没、校园卡、公交 IC 卡、银医合作等便民服务项目，能够全方位地为社会各阶层和群体提供便利快捷的金融服务，从而构建普惠金融服务体系，推动金融包容性增长。同时，也获得了广大客户对泉州银行品牌的认可。

二、切入校园场景，助力学生成才成长

随着国家"互联网＋"行动以及促进互联网金融健康发展等相关政策深入实施，银行业积极探索并参与"互联网＋校园"市场，提供专门针对大学生群体的线上金融服务。

中国工商银行构建了以大学生为主体，以实践金融、积累信用、丰富生活、爱心助学为理念的大学生金融服务平台。围绕校园生活、

基础金融、增值保障、购物消费、信用培养等主题构建了线上线下一体化的"互联网＋校园"生态圈，为中国工商银行互联网战略经营转型提供抓手，也为银行业在互联网领域服务年轻客群，助力大学生成长成才提供完整的解决方案。

大学生金融服务平台是基于校园场景自主研发的综合性金融服务平台，其移动端展现形式是工银 e 校园 APP，管理端展现形式是大学生金融服务运营平台，面向特定客户群快速搭建移动端渠道产品，迅速构建业务服务场景；通过多模式的异构系统服务接入机制，实现服务共建、产品共享；通过大数据平台完成客户群组标签化，实现面向客群配置功能，提供精准服务；借助工银 e 校园 APP 的服务窗口，积极向校园学生展现最新科技发展成果，为符合条件的学生提供中国工商银行专属信用额度，无缝衔接线上消费场景，在享受融资便利的同时，也可以更早开始积累个人信用，推动中国工商银行及社会信用体系建设。截至 2017 年 12 月底，工银 e 校园平台在全国各大应用市场累计下载 500 万余次，注册学生客户数超过 100 万人，客户覆盖全国 2596 所高校。其中大学生综合贷款"提前享"累计发放 14545 万元，贷款笔数 113072 笔，贷款余额 4525 万元，完成 67 所高校一卡通线上服务建设，交易额突破 2000 万元，2017 年共为中国工商银行稳定或新增金融资产 88.54 亿元。

国家开发银行构建电子文件管理系统，在"互联网＋"助学贷款业务中，结合电子文件管理可信服务，将传统的纸质信贷档案转化为具有同等法律效力的电子合同及其附件，实现业务全过程无纸化运行，有效解决助学贷款业务档案资料管理难题，进一步提升工作效率和管理水平、降低运营成本和客户投入，为国家开发银行的贷款业务无纸化和电子文件价值挖掘提供更多经验和技术积累。

电子文件管理系统遵循人民银行《金融电子认证规范》（JR/T 0118—2015）、国密局《安全电子签章密码技术规范》（GMT 0031—2014），结合 PKI 安全体系、数字证书、电子印章、国密算法实现安全电子签章。截至 2017 年底，全国已经有 22 个分行、1017 个县资助中心正式采用新业务模式完成业务无纸化及电子合同的试点应用，业务覆盖率达到 50%，共完成办理约 141.1 万份电子合同，业务办理高峰期间，单日办理合同总数最高超过 7 万份。国家开发银行助学贷款业务全流程电子化的深化应用与全面推广，为助贷合同电子化办理提高了业务办理效率，展示了助贷合同电子化业务办理的优势和便捷，并为绿色环保事业做出贡献。

围绕党中央国务院的精准扶贫和普惠、民生政策，为更好地承担助学贷款业务的逐笔明细核算任务，国家开发银行创新开发建设了民生助学贷款核算系统。该系统有效地支撑、连接了前端助学贷款管理系统和后端汇总核算核心系统，依靠技术手段大幅减轻了海量数据对核心业务人员的核算负担，同时形成了助学贷款、民生核算及核心三系统联动的助学贷款业务全闭环管理体系，圆满完成了人民银行助学贷款明细核算任务。

国家开发银行承担助学贷款业务以来，截至 2019 年 6 月已累计支持贫困学生超过 2622 万人次，发放助学贷款超过 1647 亿元，通过教育资助积极响应国家战略扶贫号召。

第二节　延伸服务渠道，拓展金融服务
覆盖率和可得性

2015 年 12 月 31 日国务院发布《推进普惠金融发展规划（2016—2020 年)》，为推进普惠金融发展，提高金融服务的覆盖率、可得性和满意度，增强所有市场主体和广大人民群众对金融服务的获得感提出明确方向和要求。

银行业充分发挥移动终端优势，将金融服务网络延伸至老少边穷地区，破解金融服务"最后一公里"的难题，全面提升金融服务民生的能力。

一、推进农村支付体系建设，促进信息互联互通

普惠金融最重要的目标之一就是推进金融服务更加普及，使普通百姓、偏远山村的村民，包括小微企业、"三农"都能获得更加便利、快捷、实惠和安全的金融服务。

随着农村地区经济的快速增长、农村合作金融机构的综合业务系统升级换代以及电子支付渠道不断发展、互联网金融的迅速发展，农村合作金融机构对农信银支付清算系统业务功能提出了更高要求：更多样的支付渠道，更快速的业务迭代，更完善的支付清算服务管理。为适应新形势下各成员单位对支付结算系统的需求，优化业务处理模式，进一步改善农村地区支付服务环境，农信银资金清算中心启动第二代农信银支付清算系统建设。

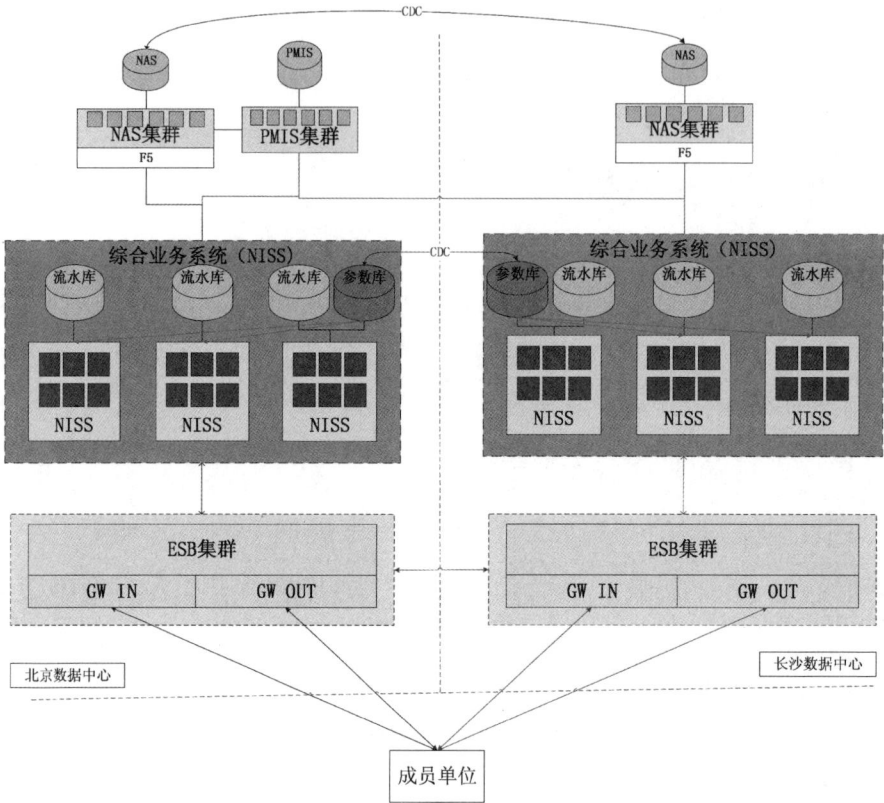

图4-1　农信银支付清算系统总体拓扑图

第二代农信银支付清算系统实现了全国农村合作金融机构支付结算的互联互通，丰富了农村合作金融机构的支付结算渠道。截至2017年末，共有36家农信机构、1家民营银行、815家村镇银行（含直接接入和代理接入），44984家系统内赋予社名社号（行名行号）的机构网点接入系统，降低了农村客户支付结算成本，提高资金周转效率，对进一步改善农村地区支付环境、增强农村合作金融机构的金融服务能力、促进农村地区普惠金融、加强社会主义新农村建设具有重要意义。

为进一步提高农村地区的金融服务水平，助力农村金融支付环境建设，加大农村金融"最后一公里"建设力度，潍坊市农村信用合作社联合社提出了自主设计研发一款"全新、全能"服务终端的思路，启动和实施农商宝智能服务终端项目。该项目实现更加丰富的业务功能：一是实现基础的助农金融服务功能，例如助农存取款、转账、查询等功能，实现对存折、磁条卡、IC 卡的多介质支持。二是实现缴纳话费、电费、水费、燃气费、物业费以及各类票务服务等便民服务功能。三是实现购买理财、养老和医疗保险、医院挂号、电商服务等更加丰富的扩展功能，使农商宝智能服务终端成为一款"金融＋便民"服务全功能产品。该产品上线后，有效解决制约农村金融服务产品匮乏的"瓶颈"问题，为广大农民客户提供更加便捷的金融服务，同时实现所有办理业务的实时入账，解决入账时滞带来的风险，同时还能分流柜台业务，降低压力，并减少大量资金投入。

潍坊市农村信用合作社联合社通过加大设备投放力度，全面布局金融服务生态圈，满足居民基本的金融服务需求，解决农民粮补资金兑付难、小额现金存取难、农副产品结算难等重大民生问题。截至 2017 年底，该社投资近 4000 万元，利用 4000 多台农商宝智能服务终端在全市部署了 4000 余家"农村金融服务点"和"社区金融服务点"，与 27000 余台 ATM、POS 机等其他电子机具，共同形成潍坊当地最大的金融服务网络，随时随地为客户办理金融服务，成为开在老百姓身边的银行。

为解决农业补贴精准发放、农户贷款高效投放、小微收购企业信贷支持等难题，新疆农村信用社与中国农业发展银行新疆维吾尔自治区分行合作，向农副产品收购企业大力推广"互联网＋农副产品"收购线上线下一体化服务平台。该平台的推广实现了农户、收购企业、银行、政府的多方共赢，有效推动了农产品收购非现金结算工作，降低了收购企业结算成本，大幅提高了支付效率和准确性；有效解决了农产品收购专项贷款难以监管的问题，提高农户贷款收回率，降低农户贷款不良率；有效争揽了长期、大量、稳定的农副产品收购资金，并为棉花直补发放工作提供真实数据支持，通过该平台可获得真实有效的农户收入数据，有效防范疆外棉流入套取补贴。

二、推动银政信息互联，服务农村经济发展需要

发展普惠金融关系到最普通百姓对金融服务的可获得性，也关系到金融对于脱贫、对于全面建设小康社会的支持和帮助。银行业认真贯彻国务院部署，以解决"三农"、扶贫等重点领域融资难为重点，着力提升人民群众的金融服务获得感。

兰州银行农村产权信息化综合服务平台是在国家对农村产权流转、交易、抵押等逐步开放的政策前提下，研究建立的一套完整的"互联网＋农户＋企业＋政府＋金融＋资产管理＋资产评估＋农村产权"的信息化综合服务平台。该项目主要内容包括：建立健全的农村产权信息化综合服务体系，构建规范的农村产权信息化业务模型，搭建完整的农村产权信息化综合服务平台，开拓惠农支农的普惠金融合作新模式。兰州银行通过建设以确权登记为基础、风险防控为前提、产权流转和抵押贷款为主线的综合化服务平台，实现多种先进的交易模式，将农民手中的农村土地承包经营权、林权、农民住

房财产权等"死资产"变为"活资产"，对破解农民"贷款难、贷款贵"等问题进行积极探索，有效降低涉农贷款风险、规范农村产权交易行为。截至2017年底，平台已在甘肃省陇南、兰州、嘉峪关、酒泉、临夏5个市州推广应用，取得了显著成效，平台累计发生流转业务总数2169笔，累计受理权证抵押贷款898笔，累计金额3.04亿元，累计受理合同抵押贷款102笔，累计合同抵押贷款金额1.41亿元。

四川省农村信用社坚持"以客户为中心"、以"聚合、跨界、创新"的战略，积极打造四川省农村信用社新型商业模式、业务模式和营运模式。四川省农村信用社普惠金融互联网服务平台基于互联网开源框架搭建分布式应用系统架构，全面采用了x86架构的PC服务器，具备灵活的横向扩展能力，同时保障高可用性和高性能，能够较好地支撑以"用户量大、交易潮涌、快速响应、频繁发布"为典型特征的业务场景要求，是对要求具备稳定账务处理能力的大型机、小型机经典架构的补充，为向"一流的科技型零售银行"转型提供重要平台支撑。该项目上线后，线上获客能力增强，客户年龄结构趋于年轻化，平台种类和跨界合作更加丰富，既满足了客户多样需求，又有效提升了客户体验，平台满意度逐步提高。

中国人民银行南宁中心支行构建广西金融精准扶贫信息系统，打造涵盖金融精准扶贫主要业务内容的统一管理平台，创新性地采集和整合海量扶贫名录以及各类金融扶贫关键业务信息、定制统计固定报表和提供多维查询工具、构建专业的金融精准扶贫专题分析应用，实现了覆盖广西全辖14个市106个区县的金融扶贫信息管理工作。该系统深入推进跨机构、跨部门的数据共享，实现扶贫信息的精准对接和精准采集，融入了金融扶贫工作的量化考核评估指标体系，对海量的贫困县、贫困村、贫困户以及个人扶贫贷款、产业扶贫贷款、项目扶贫贷款数据进行高效处理，实现扶贫信息的动态监测和科学评估考核，不仅使金融机构明确"扶持谁"，也使党政部门和金融管理部门准确掌握"扶持得怎么样"，从而为制定和完善金融扶贫政策提供了精准的参照体系。

第三节　小结

信息不对称是普惠金融服务风险管控的关键难点，过于依赖人工服务则是导致成本约束的主要因素。为解决这些问题，需要走创新之路，形成新的业务模式。例如，通过借助高效率、低成本的客户信用信息收集评估途径降低信息不对称，并加强贷后管理，改善风控效果。再如，通过电子化替代人工服务来降低成本，电子化金融服务不受时间、空间约束，便利性、服务效率都远胜于传统模式，在农村地区包括贫困地区更具有明显优势。商业银行通过加快互联网与金融的融合创新，提升金融科技运用水平，发展数字普惠金融，促进金融服务可触达、可体验、可持续，效率和质量明显提升。同时商业银行利用自身技术和平台，帮助广大客户实现"互联网＋"，与各类平台实现互联互通，为广大消费者提供更具效率、更富价值的普惠金融服务，与合作方共同打造健康良性、包容开放、生机蓬勃的金融新生态，通过普惠金融更好地服务实体经济转型升级。

第五章　构建多维立体风险防控体系，全力防范化解金融风险

随着国内经济向"新常态"的逐步转型、金融市场改革的持续深化以及互联网发展的全面渗透，新兴技术与金融业务愈加创新融合。银行业在为客户提供"无时不在"的金融服务的同时，也放大了信用风险、市场风险、操作风险等金融风险的外溢效应，传统的风险控制措施难以全面、有效、智能地防范金融风险，银行的风险管控体系面临着更加严峻的挑战。对此，银行业不断加强金融风险新特征的研究和剖析，积极运用新的技术手段探索化解金融风险的模式，综合运用云计算、大数据、人工智能、知识图谱等先进技术构建多维度、立体式、智能化的风险防控体系，有效辅助风险审查和决策，实现风险"早识别、早预警、早处置"，促使银行业的风险管控水平提升到新的高度。

第一节　完善风险防范机制，提升风险防控水平

银行业开展全面风险管理，不断完善业务全流程管理和风险防范机制，实现对业务、产品、流程等的全覆盖风险管控，打造严密、

主动、高效、智能的风险管控体系，为业务决策、客户营销、内控合规等多个领域提供支持，有效提升风控效率，节约经营成本，推动风控精细化管理水平不断增强。

一、强化全流程风险管控，健全风险防范体系

银行业金融机构不断拓展全流程风险管控的深度和广度，风险防范体系日趋健全和成熟，有效提升了银行业整体风险管控水平。

中国银行实施的中银集团全球全额度管控系统，实现了集团客户及单一客户全球授信额度集中统一在线管控，推动信贷风险管理由"人控"向"机控""智控"的转变。该系统以联机实时管控和切块管控两种方式进行额度管控，实现所有额度管控的核心功能，审批系统、业务系统与额度系统无缝对接，完成以额度管控为核心的风险管理全面覆盖。

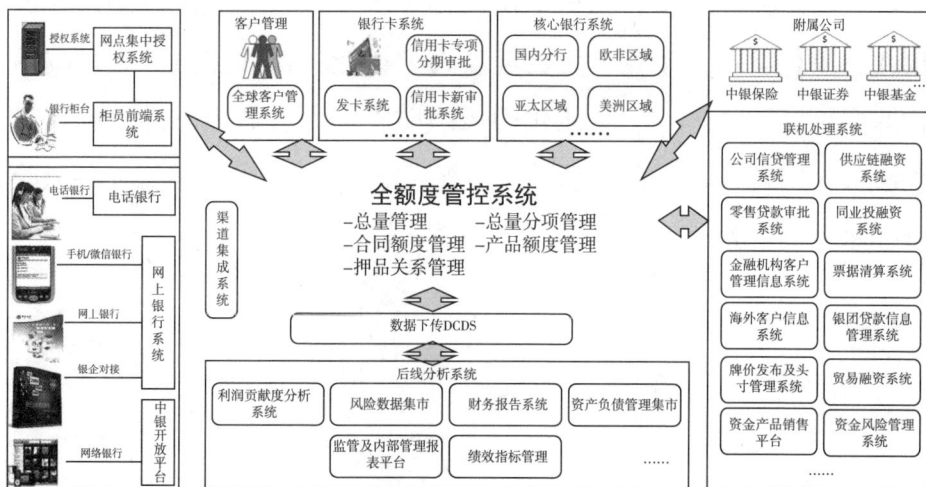

图 5 - 1　中国银行全额度管控系统架构

从技术创新看，该系统具有"一个实例，两项策略，三类模型，四大服务，五种机制"特点。一个实例，即一套实例服务全球，分节点部署多个联机应用服务，实现多机构、多时区、多语言的处理能力；两项策略，即 7×24 小时服务策略和应用版本灰度升级策略，满足全天候不间断的跨行、跨时区的额度实时管控需求；三类模型，即全球客户关系管理模型、全球额度矩阵资源模型以及全球交易管控模型，系统支持对全球企业客户、个人客户、金融机构客户实现统一客户关系管理，系统管控规则可灵活配置，可实现交易个性化、定向化、精细化、参数化、特殊化管控；四大服务，即全球实时系统监控服务、全球交易流量智能管控服务、全球交易大数据分析服务、快速灵活的全球应急服务；五种机制，即交易分发机制、交易流程公共处理机制、MQ 集群共享机制、高性能数据库访问机制以及统一数据清理机制。

从管理创新角度看，全额度管控系统实现了以客户为中心的全面信用风险管理。由中国银行承担实质信用风险的业务，不论表内/表外、实有/或有、本币/外币、线上/线下、代客/自营、本地/异地、境内/境外，都按照实质重于形式的原则进行统一管理，真正意义上从系统角度全面落实了管理制度的重大变革。

中银集团全额度管控系统为实现统一营销、统一审批、统一授信和统一贷后奠定了坚实的基础，为中国银行全球客户提供了全面授信额度服务，截至 2017 年底系统已累计服务对公客户逾 20 万户，个人客户逾 7000 万户，积极支持"一带一路"金融大动脉建设，涉及重大项目数百个。该系统极大地提升了中国银行风险管控的自动化、精细化和专业化水平，推动了风险管理从"人控"向"机控"

和"智控"的重大转变。

为建立健全合规风险监测体系，提高合规管理工作质效，中国邮政储蓄银行构建了检查有统筹、流程有规范、举报有途径、整改有机制、违规有问责、信息有共享的"六位一体"的合规管理系统。系统实现了风险模型与交易视频的精准调阅，建设了完善的风险预警模型，实现了风险数据与交易视频、凭证精准调阅，以及问题、整改、问责流程的闭环管理。

合规管理系统实现了由单一检查向全面风险管控、人工随机抽查向系统风险数据模型自动化排查、一次定性分析向全程趋势定量分析、单一现场检查模式向非现场立体监测预警体系的四大转变。系统利用 Hadoop 架构实现基于海量数据处理的风险模型的高效处理，加快了风险模型的预警时效，扩大了风险模型的预警范围。系统应用后，合规管理检查工作效率显著提升，工作耗时减少50%以上，员工合规意识和操作规范性得到有效提高，切实发挥了合规系统防范操作风险的作用。

为解决长期以来业务印章种类和数量众多、管理难度大、刚性控制难以及印章使用、保管、交接等环节存在较大安全隐患等问题，中国银行开发了业务印章管理系统，实现了对印章的系统刚性控制，有效防范套打存折、盗用印章等操作风险，同时满足了监管要求。系统在全国36家分行投产后，全行99.96%以上的网点柜面业务交易结果实现同步输出打印内嵌业务验证码的电子章，全面替代实物印章，监管类重要实物印章装在封闭式用印机，通过系统控制自动盖章，建立了系统有控制、使用有记录、检查有手段、管理有规范的印章管理新机制。

业务印章管理系统实现了全过程"留痕"管理，何人、何时、何地、为何用印等信息均可事后追踪，取得了控风险、提效率、降成本的综合目标。通过创新电子化和自动化印章管理流程，为网点各岗位全方位减负，实现了解放柜员、解放业务经理、解放网点负责人的"三个解放"，大大缩短了印章管理的环节，提高了工作效率。客户对电子章的接受度达到99.9%以上，客户对产品的安全感、效率感和美观感得到普遍提升。

上海银行基于大数据及风控规则引擎的零售信贷全流程自动审批系统，通过大数据整合及应用，以决策引擎驱动的方式对零售信贷客户进行自动分析与授信决策，为客户提供实时、线上的贷款申请、审批、签约、提款、还款等零售信贷服务。客户可通过手机银行、网上银行、微信等渠道自助办理零售信贷，可获取全渠道7×24小时服务。项目采用大数据及规则引擎领域成果实现零售信贷业务产品全覆盖，并建立客户360度画像，对客户的信用评价实现从"经验依赖"向"数据驱动"的革新，零售信贷业务实现从线下人工受理向线上自助办理转变，有效提升作业时效、风险管控能力和客户体验。

二、加强风险预警和计量，提高风险管控质效

风险预警是风险管理中最有效也是成本最低的方式，各金融机构通过构建和加强风险预警体系建设，提高风险分析的技术含量和计量的准确性，促进了风险管控质量和效率的提高。

为适应新组织架构，统筹零售业务管理，整合资源，中国民生银行搭建了业务平台化、决策智能化、产品组件化、作业标准化、

管理可视化的新一代零售风险管理系统，实现了统一风险及合规检查、统一授信管理、统一风险预警、统一催清收服务等主要功能。通过对系统的整合与提升，大大缩短了系统开发周期，减少了开发成本，每年可节省开发成本千万元左右。通过系统产品的灵活配置，零售信贷的新产品能够快速投产，提前抢占市场，获取更大的经济效益。系统统一资产管理，强化自动预警触发及自动止损，第一时间挽回不良贷款损失。通过零售风险管理系统的支持，使中国民生银行能够以客户为中心，为客户定制化授信，进行客户化定价及额度授予，提升客户体验的同时，进一步提高风险管控的质量和效率。

为提升前台业务产能，有效实现中后台集约化、效率化处理模式，兴业银行实施了零售信贷工厂流程再造项目，通过建立移动展业终端、信贷工厂集中审批与贷后风险监测模块，实现进件处理、干预岗操作、集中进件分配、审查审批作业、风险预警与作业评价等功能，全面支撑兴业银行零售信贷工厂流程再造。项目引入规则引擎、流程引擎等人工智能技术，通过嵌入行为评分、反欺诈等策略模型，实现分产品、分区域、分层级的风险识别与预警功能，全面评估客户信息的真实性，打造自动化、定制化的审查审批模式。在业内率先引入中国银联流水识别产品，通过第三方数据的交叉验证完善中台校验机制，以规范前台人员的作业行为，拓宽风险评估视角，防范道德风险与操作风险。系统实现了高效化、集约化、自动化运作，有效规范了作业流程，提升了流程效率与业务产能，减轻了贷后管理压力。

天津农商银行积极落实新资本协议监管合规要求，优化内部风险管理体系，建设了全面风险资本计量及应用平台。该平台通过标准化的模型设计、科学的架构设计、严格的数量治理策略，对行内风险信息进行了整合和优化，实现了信用风险、市场风险、操作风险的风险加权资产以及资本项的全面计量，同时提供了风险监测、风险计量、风险预警、风险报告、风险试算等功能，有效勾勒了银行整体的风险轮廓，精确刻画了逐笔业务的风险阈值，在满足监管合规要求的同时，提升了风险计量的精细化和自动化水平，为内部经营管理及战略决策提供了全面丰富的数据支持，有效带动了行内风险管理水平的全面提升。

三、增强合规能力建设，有效落实监管要求

随着中国经济的高速发展和国际化进程的不断推进，我国资本市场、外债管理、资本流入兑换人民币等管制逐步放开，需要通过有效的手段和工具进行合规监测和管理，各金融机构积极增强合规能力建设，通过对风险评估系统、监管信息系统、反洗钱系统等功能的完善和优化，有效落实监管要求。

中国工商银行于 2013 年 11 月被国际金融稳定理事会（FSB）列为全球系统重要性银行，为了落实国际监管新标准，及时、准确、全面地向国际层面报送监管数据，履行政府间国际义务和责任，维护国家形象和国际声誉，实现对金融体系风险的有效识别和管控，中国工商银行实施了全球系统重要性银行风险评估体系建设。

全球系统重要性银行风险评估体系基于全行各类基础业务系统数据来源，梳理明确自动化逻辑，部署自动化规则，最大限度地实现统计监测内容的自动生成和实时展现，尽可能减少外部干预，减

少统计人员手工工作量，提高了数据统计监测的时效性。同时，充分考虑监管政策变动和全行业务发展需要，在设计过程中充分体现了灵活性与扩展性，能够适应未来统计监测颗粒度细化、业务层级范围扩大、频率升级等各类情况，具备强大的生命力。通过该体系的建设，搭建了完整的全球系统重要性银行指标架构，基于大数据平台实现集团海量数据的聚合加工及灵活的统计定制，支持中国工商银行实时响应监管需求和经营状况分析需求，适应快速变化的监管形势。全球系统重要性银行风险评估体系与风险计量、信息披露等系统相结合，支持对系统性风险的有效识别，形成完善的系统性风险防控机制，提升集团重大危机情景下的风险管控水平，为我国监管机构完善升级宏观审慎管理体系、监测系统性金融风险、保持金融市场稳定提供了参考和实践经验。

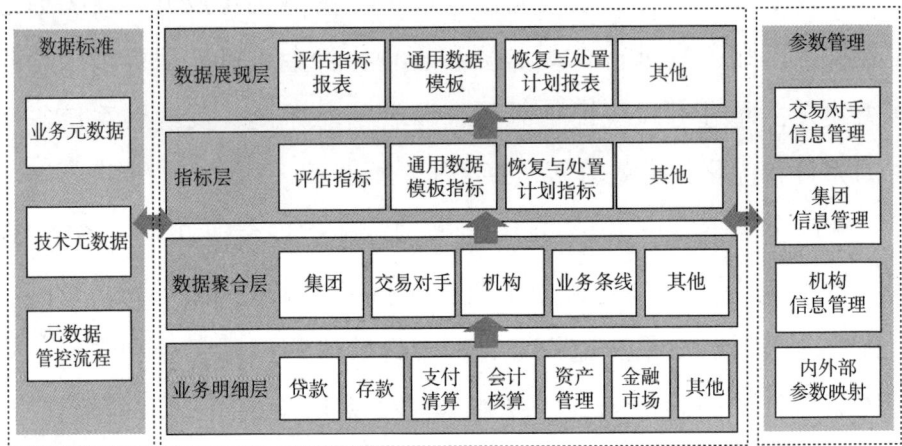

图5-2　中国工商银行全球系统重要性银行风险评估体系

为全面支撑面向人民银行、银保监会、各地银保监局、统计局等外部监管单位的监管信息报送工作，中国农业银行建设了企业级监管信息集中服务及报告平台，有效解决了监管报告信息分散加工、资源投入高、数据不一致、数据准确性不高、自动化加工率和报送效率低等监管信息报送领域存在的问题。通过采用集群式并行负载均衡处理、异步队列处理、高效可扩展的公式引擎、内存计算、可视化配置方式等技术，解决了监管领域全行集中带来的系统压力，不仅实现了企业级监管信息集中服务，同时还释放大量原有生产设备及运维资源。数据方面通过确定各系统可信数据项，将不同数据源系统的信息拼接形成统一宽表数据源，报表数据准确性及自动化率都大幅提升。此外，监管报表填报方式转变为"总行集中加工、逐级审查确认"全新处理模式，有效减少了各级统计岗位人员的工作量和沟通填报成本，切实减轻了基层负担。通过基于数据检验机制和血缘分析，支持报表数据到基础数据的追溯，并定位报表缺口对应的问题明细数据，从而有效推动了中国农业银行源头数据的治理工作。

企业级监管信息集中服务及报告平台以大数据平台为数据来源，采用总行集中加工、全行共享使用的模式，实现外部监管报表的统一管理，确保报表数据"同源同规同质"，保障数据一致性，实现数据"一口出"。在国有大型商业银行中，中国农业银行率先实现了监管报表全行集中统一管理，为同业相关系统的建设及应用提供了有益的实践经验。

为提高反洗钱工作信息化水平，中国邮政储蓄银行基于 Hadoop 平台及内存数据库架构，构建了一套全国集中的"管理层级化、功能模块化、操作人性化、数据标准化"反洗钱管理平台。系统通过整合各类邮政金融客户信息和交易信息，采用自动筛选、查询为主，人工分析、配合为辅的方式，提取可疑的客户资料及相关交易信息，系统地进行分析和计算各类监管报送数据。系统采用 B/S 架构模式建立反洗钱工作管理、客户风险等级管理、业务查询、统计分析等业务处理模块服务，实现了反洗钱工作流程控制，提高各级反洗钱工作的及时性和准确性，满足了各级管理人员对反洗钱工作监督、管理、指导等需求。依托 Hadoop 分布式架构大数据计算优势与内存数据库快速响应优势，结合数据源和模型特点统筹计算资源，高效准确地运算处理，进一步提升了资源利用率，降低了成本，提高了质量和效率，提升了反洗钱工作信息化水平，满足了反洗钱监管要求并适应反洗钱工作以"风险为本"的监管趋势，为中国邮政储蓄银行的反洗钱工作提供了有效支撑。

第二节　发挥新技术应用优势，助推风控能力稳步提升

随着新兴技术的不断发展和广泛应用，新技术在提升风险防控的实时性、智能化水平方面的效能持续提高，金融机构依托自身的科技力量，充分利用大数据、云计算、人工智能等新技术丰富、完善风险防控手段，打造主动、立体、实时、智能的风险管理体系，助推风险管控能力稳步提升，增强了数字化时代金融机构的核心竞争力。

一、风险信息集中共享，实现风险联防联控

风险控制是金融的核心，各金融机构通过风险管控系统的建设，逐步实现风险信息共享机制和联动处置，使得很多潜在的风险得到

更快、更早的识别和防范，提升了行业整体的风险控制能力，为行业的风控创新提供了支持。

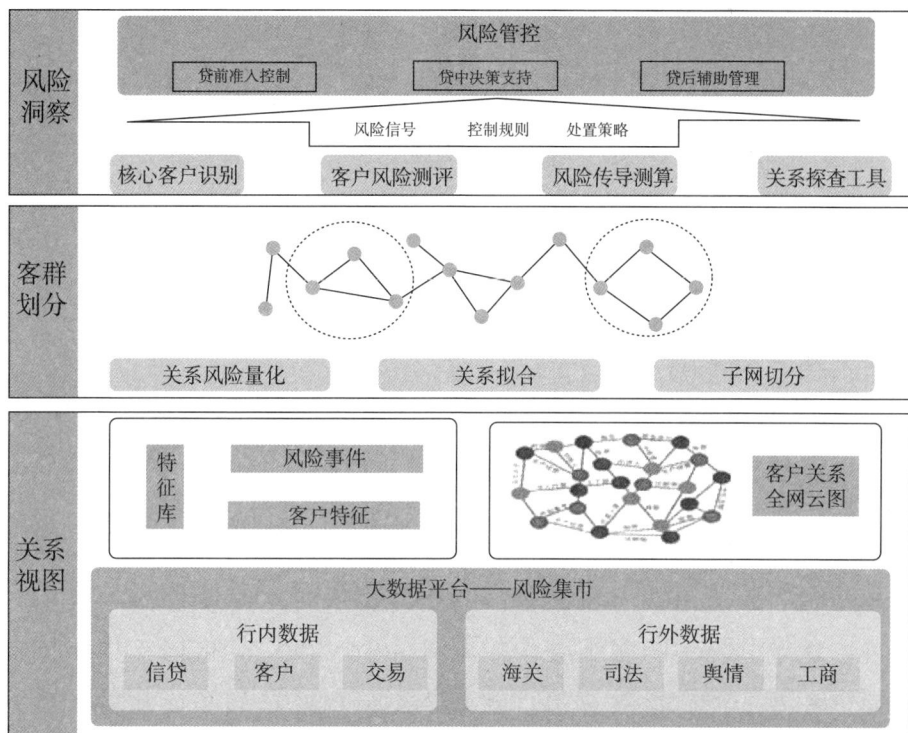

图 5-3　中国农业银行信用风险管理系统架构图

中国农业银行为全面提升全行的信用风险管理水平，有效解决客户资金监管不到位、集团客户识别难等问题，建设了基于知识图谱和图挖掘的信用风险管理系统，包括信用风险缓释、法人资金查询与分析、集团与关联客户分析、信用风险统一视图等。系统综合运用大数据技术、知识图谱和图挖掘等多种技术手段，创新客户群体性风险洞察方法与管控模式，整合行内外数据，实时联动信贷业务流程。基于行内数据以及行外工商、司法、海关、舆情等数据，打造客户关系网络分析引擎，建立客户360度全景画像，形成客户风险传播知识图谱。系统的建成促进了信用风险管理理念从"控制单个客户"到"统筹客户关系网络"的革新，彻底斩断风险传导路径，有效支撑银行信用风险管理变革，提升风险管控的深度和广度，从根本上防范了区域性和系统性风险的蔓延。

信用风险管理系统通过提高风险预警等级、预警时效性等措施，自动识别客户关系网络中的核心客户，进行重点关注和监控。以自动识别关联关系功能为例，截至2017年底，系统已准确识别了核心客户1万余人次。

中国建设银行搭建了企业级的风险信息管理、发布和应用平台，解决了风险信息割据、风险联动性弱、风险防控效率不高等问题。该平台制定了企业级风险信息数据标准，通过建立产生原因和应用场景间的映射，实现了业务流程和风险信息应用规则的灵活参数化配置；建立了统一的多维度管控服务体系，以一套接口支撑不同应用场景管控需求。平台采用主副本结合的风险信息发布机制，实现多渠道风险信息共享；按照内聚细分的微服务及服务编排组合的服务体系，实现不同应用场景下的实时风险管控。通过自主研发实现了数据分析引擎将采集到的各类风险信息及应用规则进行逻辑分层与归类，支持多渠道统一接入；风险信息应用规则参数化引擎实现了流程及规则的动态组合和灵活参数化配置；权限控制引擎在保证风险信息共享性的同时满足了维护权限的管理需求。平台实现了全行风险信息的统一应用机制，从来源、审定、发布、管控等环节进行规范管理，实现了跨业务领域的风险信息共享，以机控方式实现业务流程对风险防控规则的执行，保证了风险信息的及时发布，在各类业务办理流程中高效、低成本地对各类风险进行事前防范，使银行风险信息管控能力大幅提升。

企业级风险信息发布与应用平台上线四年，仅发布客户类风险信息就达到四百余万条，对开立账户、贷款申请受理、贷款发放、刷卡消费等 67 类重要业务交易执行阻断达 50 万笔，有效防止了银行和客户资金的损失。该系统还在法律、法规及监管规则许可的范围内，与监管机构、同业机构之间进行风险信息交换，推进了行业间的风险信息共享和整体风险联控。

二、风控模式创新优化，有效防范欺诈风险

随着互联网的快速发展，电子银行、网络支付、网络贷款等网络金融业务为客户带来了便捷的服务与体验，但与此同时，也面临种类繁多的欺诈风险。外部欺诈风险一直以来都是银行业面临的最严重的风险类型之一，几乎涉及所有的银行业务条线，涵盖范围广，防控难度大。银行业在应对欺诈突发风险事件的能力方面加强系统建设，在欺诈风险模式优化创新、有效识别、实时监控、及时处置欺诈风险方面取得了显著的成效。

中国工商银行充分发挥科技、数据和风控综合优势，实施了基于大数据的金融风险云服务项目，为总行、分行、境外机构、集团子公司提供金融风险云服务，满足了不同层次用户的需求，进一步扩大了行业间和行业内的合作。该项目构建了金融业领先的大数据服务云，支持海量数据存储，实现"数据全入库"，加强数据整合与共享，提供高效、成本可控、资源动态调配的企业级大数据云计算能力；提供 API、APP、网页等多渠道服务模式，通过灵活、敏捷、可伸缩、可消费的服务模式，实现用户简单、快速接入金融风险云服务；基于微服务技术构建高性能智能风险引擎，通过 Docker 容器方式部署在云端，具备横向可伸缩、负载均衡、故障转移、高可用等特点，提供企业级服务能力；依托高性能机器学习计算框架，支持超高维度特征工程，实现特征组合自动化和模型自动学习，通过输出高性能智能服务，实现风险实时识别和风险预测。

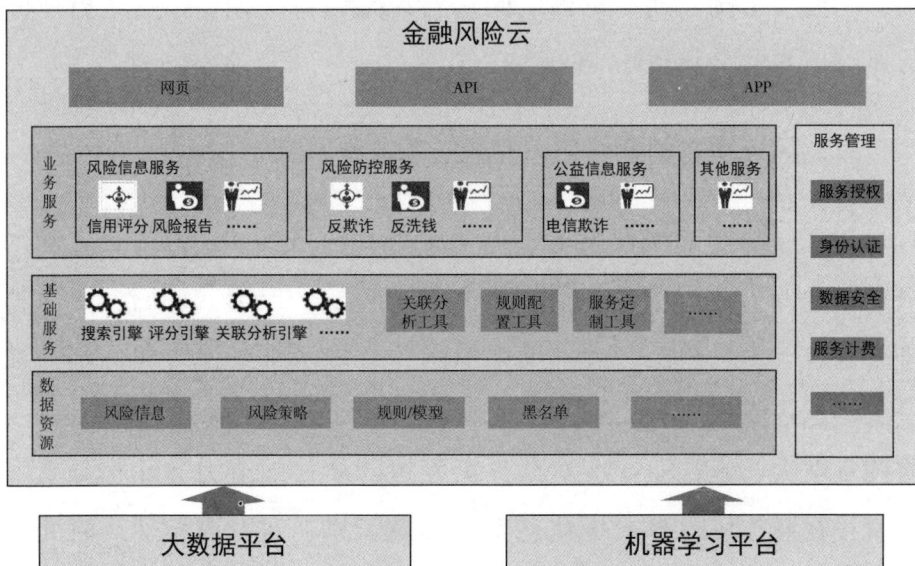

图 5-4　中国工商银行金融风险云服务平台

　　金融风险云服务平台构建了全覆盖、全渠道、全天候的立体化、智能化防控电信诈骗网络，对所有通过中国工商银行网点、网上银行、电话银行、手机银行和自助终端等渠道进行的转账汇款交易进行即时筛查，及时向客户进行风险提示，对电信诈骗犯罪实时自动预警，从源头上降低了电信诈骗发生率。截至 2017 年底，累计帮助客户查堵电信欺诈 17.7 万余件，合计避免损失 34.3 亿余元，赢得了社会公众广泛赞誉与好评，同时也作为成功经验向银行同业推广。

为协助公安机关打击电信诈骗，堵截涉案资金，由中国人民银行组织，中国金融认证中心具体实施了电信网络新型违法犯罪交易风险事件管理平台。该平台依托高可靠性传输技术实现了公安机关与金融机构各信息孤岛间的高效、安全的信息流转，公安机关违法犯罪账户黑/灰名单可向银行进行推送，为银行用户资金转移风险进行了精准提示，实现了银行、非银行支付机构账户的查询功能，填补了公安机关高效查询、止付、冻结涉案资金账户渠道的空白，降低了办案成本，提升了金融行业整体应对欺诈及其他突发风险事件的能力，为维护金融稳定，防范系统性金融风险提供了重要技术支撑平台。

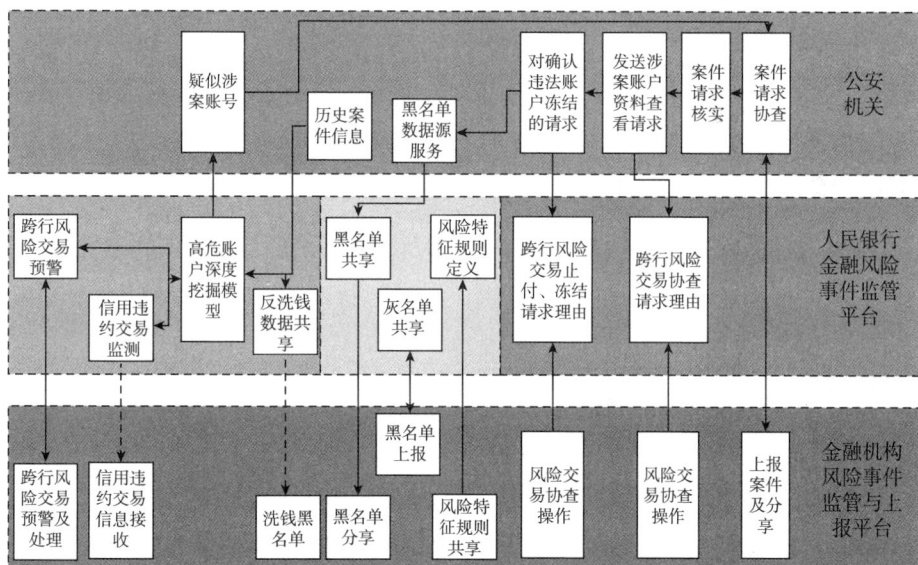

图 5 - 5 电信网络新型违法犯罪交易风险事件管理平台功能图

截至 2017 年 12 月 31 日，电信网络新型违法犯罪交易风险事件管理平台已累计由公安机关进行紧急止付指令 435074 件，单笔最大止付涉案金额 9404 余万元，总计止付金额 761 亿元；累计依法冻结账户共 635613 个，单笔最大冻结涉案金额 9780 余万元，总计冻结金额 186.8 亿元，有效发挥打击电信诈骗、堵截涉案资金的作用。

招商银行构建了基于大数据及人工智能技术的实时智能反欺诈平台，解决了日益严重的诈骗风险与移动安全问题，有效提高了反欺诈效率并保障客户资金安全。该平台整合及挖掘客户、商户、渠道、交易、行为等多方面数据，通过智能动态调度计算及规则模型的灵活部署，实现了欺诈风险的全方位阻断。项目采用高维建模，对交易报文、客户档案、交易对手档案等进行超高维组合，对欺诈交易实现了有效识别。基于社区发现，通过全新的关系网络体系建设，实现异常交易的自我感知及数百高危欺诈团伙的精准识别与打击。基于迁移学习，通过对银联刷卡数据进行抽取及转化，有效应用于转账欺诈模型的构建，模型性能大幅优化，通过多种模型集成运用，实现了反欺诈的智能决策。基于生物探针技术，通过采集操作过程中陀螺仪、加速度传感器、触屏属性等不同维度原始行为数据，深入挖掘客户操作时的个性化行为，实现了客户异常行为的智能管控。

实时智能反欺诈系统实施后较上线前的否认交易笔数同期下降 82.11%，否认金额同比下降 96.40%。客户整体资产损失比率约百万分之一，显著优于国际银行业万分之 7.76 及国内银行业万分之 1.99 的平均资产损失比率。

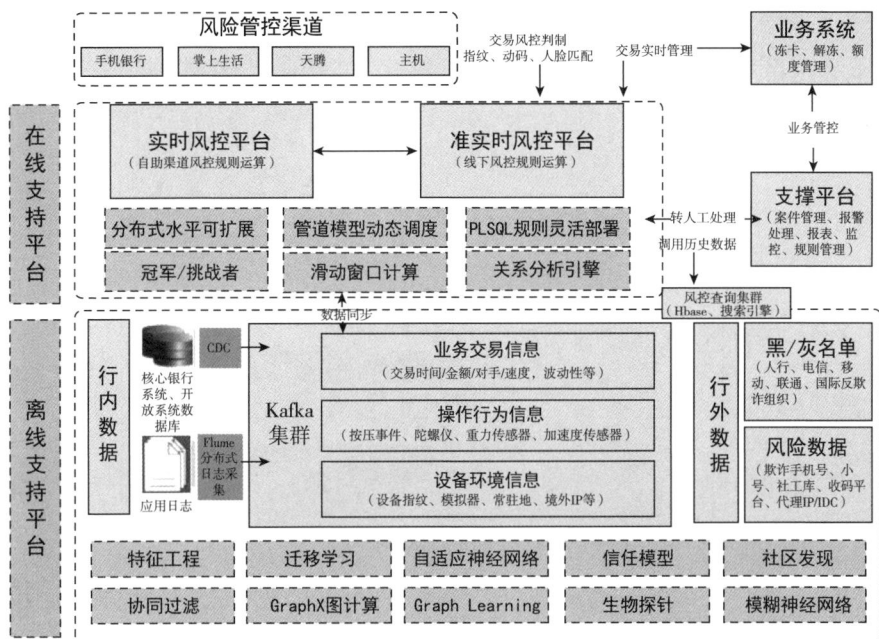

图 5-6 招商银行实时智能反欺诈平台架构图

中信银行基于大数据技术的全渠道风险防控体系，通过全渠道事前监测、事中预警、事后处置，有效防范了内部操作风险和外部用户风险，实现了基于复杂时间驱动的立体风控体系。该体系基于大数据技术和传统 J2EE 框架，对柜面渠道、电子渠道、自助渠道同时提供服务，主要包括实时风险监控组件、印章电子化组件、非结构化客户回单组件、远程授权组件、电话核实组件五大核心组件。实时风险监控组件向柜面渠道、网银渠道、自助渠道提供实时交易监控和事中处置，实现系统自动或人工的事中交易风险处置策略；印章电子化组件面向柜面渠道强化印章的机控管理、电子化管理、全生命周期管理；非结构化客户回单组件面向自助渠道、网银渠道固化还原交易原貌，防止交易凭证被篡改；远程授权组件面向柜面渠道，实现业务受理和授权的空间分离、授权作业的集中处理，极大降低内部操作风险；电话核实组件，为其他组件提供录音佐证和即时通信技术。

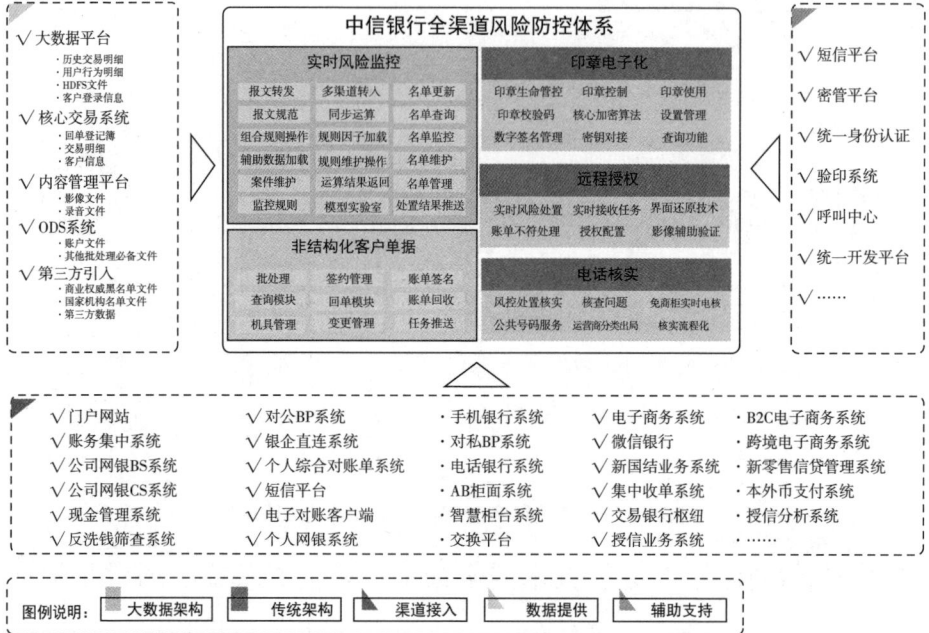

中信银行全渠道风险防控体系

左侧：
- √大数据平台
  - ·历史交易明细
  - ·用户行为明细
  - ·HDFS文件
  - ·客户登录信息
- √核心交易系统
  - ·回单登记簿
  - ·交易明细
  - ·客户信息
- √内容管理平台
  - ·影像文件
  - ·录音文件
- √ODS系统
  - ·账户文件
  - ·其他批处理必备文件
- √第三方引入
  - ·商业权威黑名单文件
  - ·国家机构名单文件
  - ·第三方数据

右侧：
- √短信平台
- √密管平台
- √统一身份认证
- √验印系统
- √呼叫中心
- √统一开发平台
- √……

实时风险监控：报文转发｜多渠道转入｜名单更新｜报文规范｜同步运算｜名单查询｜组合规则操作｜规则因子加载｜名单监控｜辅助数据加载｜规则维护操作｜名单维护｜案件维护｜运算结果返回｜名单管理｜监控规则｜模型实验室｜处理结果推送

印章电子化：印章生命管控｜印章控制｜印章使用｜印章校验码｜核心加密算法｜设置管理｜数字签名管理｜密钥对接｜查询功能

远程授权：实时风险处置｜实时接收任务｜界面还原技术｜账单不符处理｜授权配置｜影像辅助验证

非结构化客户单据：批处理｜签约管理｜账单签名｜查询模块｜回单模块｜账单回收｜机具管理｜变更管理｜任务推送

电话核实：风控处置核实｜核查问题｜免商柜实时电核｜公共号码服务｜运营商分类管理｜核实流程化

底部：
- √门户网站｜√对公BP系统｜·手机银行系统｜·电子商务系统｜·B2C电子商务系统
- 账务集中系统｜√银企直连系统｜·对私BP系统｜√微信银行｜·跨境电子商务系统
- 公司网银BS系统｜个人综合对账系统｜·电话银行系统｜√新国结业系统｜·新零售信贷管理系统
- 公司网银CS系统｜短信平台｜·AB柜面系统｜√集中收单系统｜·本外币支付系统
- 现金管理系统｜电子对账客户端｜·智慧柜台系统｜√交易银行枢纽｜·授信分析系统
- 反洗钱筛查系统｜个人网银系统｜·交换平台｜√授权业务系统｜·……

图例说明：■大数据架构　■传统架构　▣渠道接入　▣数据提供　▣辅助支持

图 5 - 7　中信银行全渠道风险防控系统逻辑架构

　　全渠道风险防控系统采用了多种名单（外部监管名单、内部挖掘名单、同业及第三方涉嫌欺诈名单等）联合筛查风险的方式，充分发挥系统的作用开展风险防控工作。截至 2017 年底，系统中已维护了 18334 个公安部提供的高可疑账户以及 360 公司提供的 7153 个可疑账户数据，多次协助公安机关查控可疑账户。针对潜在的不法分子掌握的资金过渡黑账户进行布控，既可拦截可疑交易，也可挽回资金损失。同时，该项目还探索同业间联防联控机制，借助实时风控平台可快速拦截同业被盗账户流入中信银行的资金，充分利用共享的风险信息强化风险管理，共同维护良好的金融生态环境。

平安银行建设了基于客户360度视图和"欺诈网络"的新一代信用卡自动化审批系统，致力于为客户提供随时随地、全天候信用卡申请服务。依托科技创新，通过工作流引擎、网络分析引擎和规则引擎等一系列先进技术，对传统申请审批模式进行了改造，实现了人工审批转换为线上自动化为主、人工为辅的高时效的审批流程，为信用卡业务的发展，提供了可扩展性和强有力的系统支撑。该系统能够实时查询360度客户信息，大幅提升系统审批速度，从日均7万进件量，升级至可支持日均30万进件量，增涨高达330%。系统能够直观清晰地展示社交网络结果，帮助用户更快速找出风险点，有效识别客户申请欺诈风险和信用风险，系统对客户的精准识别率较系统上线前提升13%，件均审核耗时较系统上线前提升52%。

信息科技和银行业务不断发展，反欺诈工作仍任重道远，要保持持久的生命力，必须做到与时俱进，紧扣银行业务风险控制需求。为此，各金融机构仍需不断跟踪应用前沿技术，对标国际反欺诈先进经验，深挖业务场景与风险大数据应用价值，持续升级优化欺诈风险防控体系。

第三节　小结

商业银行已建立了多维度、全方位的风险监控机制，进行统一的风险管理，定期或不定期地进行金融风险排查，设立了风险预警机制，加强与同业的沟通协作，有理、有节、有度地解决金融风险事件，为严格控制系统性及地域性金融风险做出了积极的努力。同时，随着信息技术的不断发展和应用，商业银行通过对新技术的探索、研究和应用，不断提升风险防控体系的自动化和智能化，在业务的事前、事中、事后进行综合分析和判断，开展全方位智能化的风险预测和管控，保障金融秩序与社会经济稳定发展。

第六章 创新科技运营管理模式，
提升信息科技支撑效能

随着银行业务发展对科技依赖程度的不断加深，信息技术在驱动业务发展、支持业务运营中发挥着愈加重要的基础性支撑作用。为此，银行业在信息科技能力提升方面，切实转变观念，重视安全可控，深入应用技术成果转化，构建信息安全保障体系，确保系统安全稳定运行，提高信息科技治理水平，提升信息科技支撑效能。

第一节 积极探索安全技术，提升安全可控能力

国家高度重视网络安全和信息化工作，并明确指出金融领域的关键信息基础设施是经济社会运行的神经中枢，金融领域的网络安全尤其重要，构建安全可控的信息技术体系迫在眉睫。金融信息安全体系建设一直是银行业安全稳定运行的保障，银行业在构筑信息安全向纵深方向发展的同时，积极探索安全新技术，适时引入各项新的安全技术，提升安全可控能力，形成适合银行业金融机构自身发展的信息安全保障体系。

一、夯实安全可控架构，践行网络安全战略

随着移动互联互通、分布式、云计算、大数据的发展，网络空间已经成为继陆海空天之后的第五大主权领域空间，网络信息安全工作重心，已经从保护数据中心后台，拓展到终端安全建设、网络边界防护相对薄弱环节。基于安全可控的 IT 架构应用实践，是在掌握服务器安全和存储相配套的应用迁移基础上，构建安全可控架构，践行国家网络安全战略。

中国人民银行金融信息中心面对人民银行终端数量大、地域分布广、管理层级多、软硬件环境复杂等情况，为了解决终端安全管理面临的一系列共性问题，开展基于安全可控的一体化终端安全主动防御技术及应用项目研制和建设。项目建设具有以下特点：一是提出了软件定义终端安全体系，面向微服务的安全应用开发环境，提出并实现了跨平台轻量级客户端代理架构。二是基于大数据的终端安全态势感知和主动防御，支持多源异构数据存储和分析的集群架构，实现了一种面向任务的终端安全态势评估方法和基于深度学习的终端行为分析系列模型。三是基于统一命名空间的终端全生命周期安全管理，提出面向中国人民银行的终端命名空间规范、终端全生命周期安全管理模型，并实现了基于命名空间的授权管理和访问控制机制。四是建立中央银行信息基础设施系统安全基线标准体系，提出面向业务的基线安全模型，研制中央银行的信息系统安全基线规范，实现安全基线工具化检查和自动化管理。五是实现自动化、无感知、"零冲击"的快速安装部署，终端代理批量处理，网络流控动态调优，确保代理程序稳健性和安全性。

　　该项目的建设覆盖了中国人民银行全行终端设备，满足了建设目标要求，发挥了网络安全技术在中央银行金融服务中的建设支撑作用，推进了网络强国战略下的中央银行科技创新，为行业安全基线标准的制定提供了范本，推动了行业标准的完善。

　　中国银联基于"端到端"网络信息安全管理体系的设计研发，完成了银行卡网络信息安全管理体系建设，实现了真正意义上的产品"端到端"、网络"端到端"的安全管控，厘清了银联网络与产业相关方的信息安全边界，识别了边界安全风险，建立了一体化的安全研发、安全运营的控制机制，保障产品"端到端"全生命周期的安全性。其突出特点为：一是率先设计了银行卡"端到端"信息安全管理的模型，不仅对银联内部同时也对银行卡网络边界实施有效管控。二是安全设计了适合"端到端"银行卡网络的风险评估方法论，多维度多层次评价银行卡网络的安全风险。三是安全设计了聚合指标，有效评价信息安全体系执行效果、感知安全风险。四是安全设计建立了信息安全管理体系的量化分析平台。该信息安全管理体系在银联内部得到了推广应用，建立了覆盖第三方机构的安全标准《第三方机构入网安全规范》及其管理要求和检测机制。同时，形成由银联牵头、各主要商业银行参与编写发行的《银行卡产业信息安全体系发展报告》，成为银行卡产业信息安全体系的最佳实践。

　　中国银联将信息安全体系的范围进行延展，对各安全边界进行风险建模，对于交易边界建立了接入安全准入和监测机制，对于第三方边界建立认证机制，设计了复杂矩阵风险评估方法、安全边界风险建模方法、信息安全的量化评价方法、产品研发安全控制模型、信息安全体系的平台化运转等先进性工具。通过"端到端"信息安全管理体系的建立，保障了银行卡转接清算网络的稳定运行，每年成功拦截外部多达 2000 万次安全攻击，保障了国家金融安全稳定，挽回了广大持卡人的经济损失。

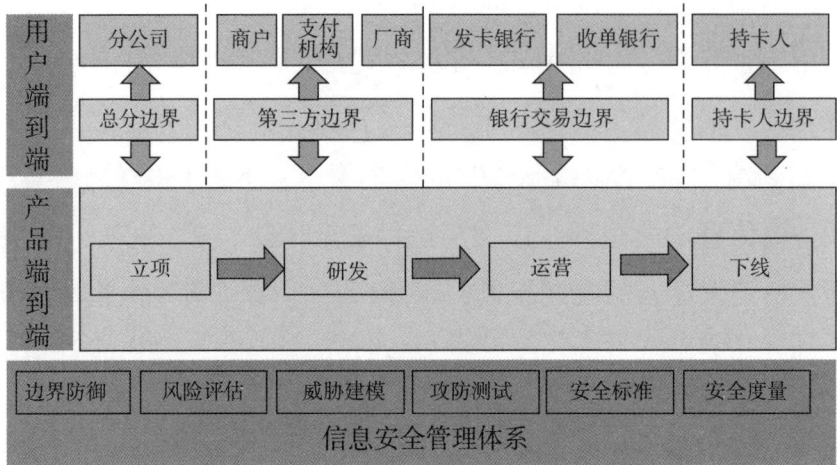

图 6 - 1　中国银联信息安全管理模型

中国农业银行基础安全架构从实际出发，全面构建安全可控的架构体系，提出"整体架构与局部产品安全可控为主"的 IT 基础架构安全可控推进思路。一是通过分布式架构替代集中式架构，实现各节点松耦合，降低对底层产品高性能、高可靠、高可用的依赖，采用业界广泛接受、生态良好、可持续能力突出的架构、协议和产品，大力搭建开放标准的架构体系，构建多地多活的部署架构，提升业务连续性。二是通过开放标准的广泛应用，降低对垄断厂商和产品的安全依靠，提高信息化建设的安全可控能力，同时采用异构融合平台降低供应链风险，大力应用虚拟化技术，屏蔽底层硬件设备差异和依赖，提升系统的兼容性和可移植能力，推动了中国农业银行信息化安全管控水平提升。

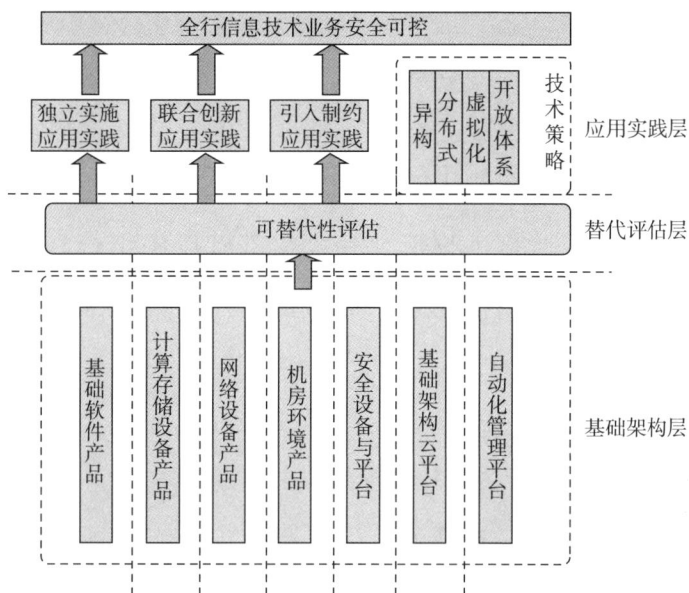

图 6 – 2　中国农业银行基础架构总体框架图

中国农业银行基础安全架构通过主机下移应用实践项目验证了融合架构的有效性，降低了对主机的依赖。同时，基于基础架构云平台大幅提升了基础环境交付效率，快速补齐基础软件领域安全可控短板，建成了覆盖农业银行基于"北斗"的时钟同步体系，实现了农业银行全行生产系统检查的非现场、免打扰、全覆盖和自动化，带动了产品安全可控率大幅攀升。

二、应用生物识别技术，实现安全身份认证

伴随生物识别技术的快速发展，生物识别应用领域的广泛开展，现有成熟的生物识别技术使得指纹、人脸、声纹、虹膜、光学检测等均可以快速接入安全身份认证框架，尤其对于移动互联网的交易过程，可提供符合电子签名法并可用于司法取证的数字签名，已经

被广泛应用于银行、O2O、物联网、证券、电子商务等领域。

中国金融认证中心的快速安全身份认证系统，支持多种生物识别方式，提供安全、快捷、标准的身份验证方式，为移动互联网应用提供基于在线快速身份认证（FIDO）＋高强度密码认证的复合身份验证方式，完美地将生物特征和公钥基础设施结合在一起，采用人体生物特征实现应用使用权限的验证，在实现安全的同时提高了使用的友好性，更容易为广大的互联网用户所接受。系统上线后，不仅保证了用户使用便捷性，提高了安全性，降低了安全风险和成本，也为中国银行业手机银行板块的未来认证建设和规划提供了技术支撑，具备良好的可扩展性，促进手机安全存储方案统一化、标准化、大众化，在后续银行业发展实现手机银行快速安全身份认证的方面有重要的参考作用。

第二节　提升开发运维能力，确保系统稳定运行

银行业应用系统安全稳定运行，是保障银行做好金融服务的基础。我国银行业通过整合原有开发测试平台工具，推动内部流程一体化，加强应用产品快速交付能力，不断丰富和提升运维手段，将大数据、云计算等新技术应用于信息系统维护，真正在灾备恢复、网络控制、监控部署等基础运维领域发挥作用，确保系统安全稳定运行。

一、优化全流程管理，提高整体管控能力

随着银行业务的快速发展，对 IT 运营和产品交付的要求也越来越高，商业银行科技管理具备技术专业性强、交付环节多、流转复杂等特点，因此降低成本、提高科技流程的效率和质量，满足产品交付要求，对于提升银行业的核心竞争力至关重要。为有效协调开发、测试、运维等各领域管理，做好科技内外部流程的衔接，构建科技一体化平台，通过流程打通实现协同工作，加强了对业务产品的交付能力，推动管理持续优化。

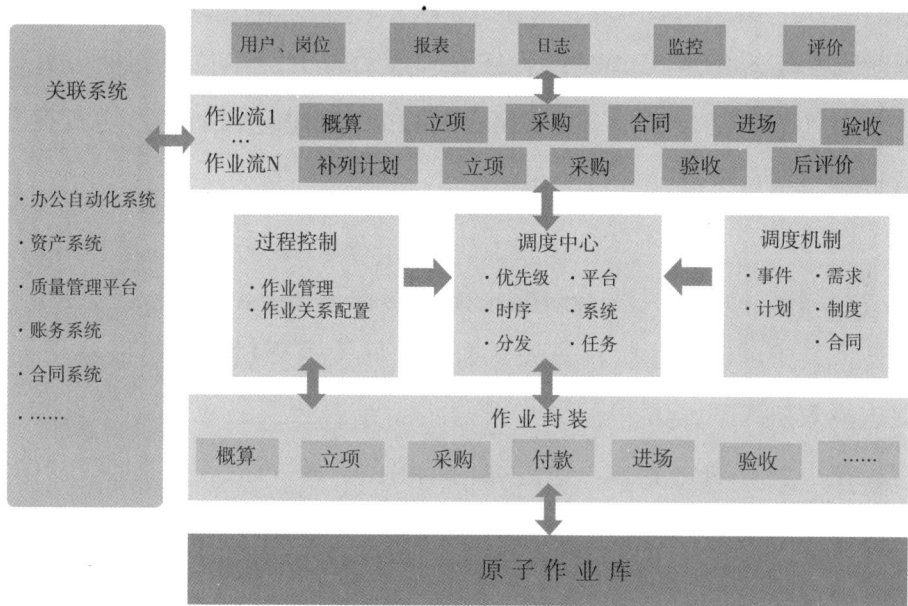

图 6-3 华夏银行科技项目全流程管理作业系统架构

华夏银行通过建立项目全流程管理作业系统，以一体化项目管理平台方式，对综合管理系统、资源管理系统、质量管理系统、合

同管理系统等多个独立系统进行整合，使科技项目管理、商务管理、规划管理、外包管理、任务执行等活动获得统一的平台化支持，实现用户一站式处理各类工作任务，加强了科技部门之间、部门内部团队之间的统一协作和知识共享。项目全流程管理作业系统在技术上通过业务流程引擎、预置内容平台、知识管理、搜索引擎、数据分析处理及身份访问权限控制，实现了平台内部各个模块之间的无缝集成，支持集群、异构平台整合以及监控和异常处理，建立企业知识社区，支持大数据量多维分析，数据分析处理效率高。

平台推广后，华夏银行信息科技全部项目、合同、外包商、人员实现电子化和流程化管理，降低了手工处理工作量，单位作业处理时间平均减少了 35.6%；业务处理能力提升，单位时间业务处理数量上升了 24.3%；业务处理准确性和合规性得到加强，切实提升信息科技项目精细化管理水平。

中国银行科技体系通过多年持续集成，应用软件产品从构建、部署到测试等过程实现了标准化和自动化。在互联网行业急速发展条件下，中国银行针对新形势下如何做好快速交付、如何保障质量、促进高效协作三个紧迫问题展开思考，结合自身技术体系特点和现有科技平台自动化能力，通过部门整合等一系列措施，推动 DevOps 开发测试运维一体化，形成对分布式和集中式两种架构同时支持的 DevOps 体系。该体系具备五大特点：一是建立全方位中国银行 DevOps 管理模型组，按照工程化管理的模型框架，将精益思想引入应用开发领域，覆盖应用工程管理的全部内容；二是建立双模开发模式的 DevOps 运行体系，覆盖新兴分布式架构和传统集中式架构，打造"端到端"交付流水线，实现开发、测试、运维环节中各活动的自动化；三是建立安全的 DevOps 运行体系，通过静态代码扫描、自动化测试、部署验证等手段，使质量和安全软规范内嵌到产品的生产过程中成为可能，实现了软规范硬约束；四是划分 DevOps 成熟度级别，评价体系涵盖构建部署、代码复查和测试、运维监控、分析报告四个主要领域的评价指标和评价维度；五是建立 DevOps 融合协作机制，形成融合、协作、包容、信任的 DevOps 文化。

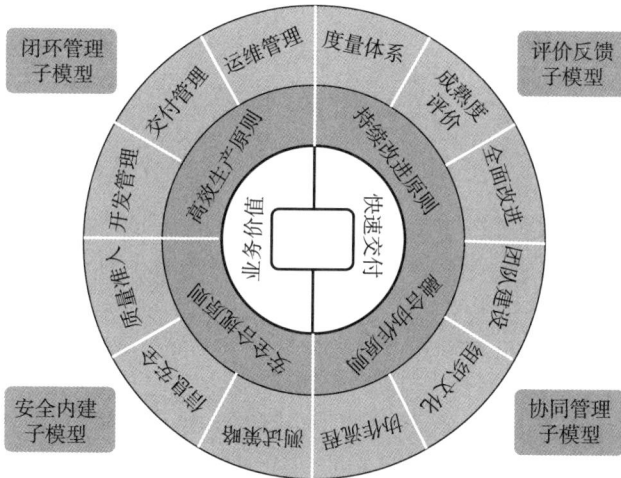

图 6 – 4　中国银行 DevOps 管理模型

整合后的开发运维一体化体系，提升了中国银行科技研发和交付能力，在降低手工交付操作风险的同时，整体效率比手工操作大幅提升，规模效应显著。2017 年实施 DevOps 应用产品具备 3 天生成一个可交付版本的能力，交付能力较 2016 年提升 10 倍，不仅达成了快速交付的预期目标，同时交付质量有所提升，产品质量持续保持高水平。

二、构建新技术平台，提升科技转化效能

伴随银行业务的不断发展，产品多样化需求和业务产品交付提速，亟待新的技术平台来支持开发和测试工作，提高交付质量和提升交付效率，实现科技效能转化。为此，各家银行科技部门通过构建、整合开发测试平台，引入云计算、大数据等新技术，不断探索提高效率与加快交付之间的最佳途径，提升科技转化效能，为业务发展提供有力支持。

中国光大银行基于"大数据＋云平台"建设理念，围绕大数据应用开发，建设 PaaS 应用开发云平台。该平台支持应用的开发服务化实现，采用"高内聚，低耦合"的分层架构，使用业内主流的 Hadoop 大数据等技术，提供海量数据的存储、分析、计算和访问高度服务化。利用分布式物理部署和多租户方式更好地支持节点横向扩展、权限管理和资源计量，在服务层封装技术细节，支持业务逻辑编排，业务展现"所见即所得"，提升业务实现效率。该平台为大数据类业务应用开发提供有效支持，提供包括客户画像与行为分析、大数据挖掘、外部数据管理等多项功能，创新出"光速观察""私售侦探"、网点效能等多个数据产品。平台在提升应用开发效率的同时，降低大数据技术成本，其中，硬件成本降低为原来的 50%～60%，软件成本降低 40%～50%，人员开发成本降低 20%～30%。

华夏银行为统一技术和数据标准，结合本行技术架构的实际情况，定制基于业务模型驱动的一体化全过程开发平台。该平台采用业务模型驱动技术层级设计，支持对 Web 渠道类、金融产品类、内部管理类等产品研发。平台基于设计开发一体化思想，功能覆盖开

发全过程，并通过采用 Velocity 等模板引擎技术，支持开发过程可视化，形成以模型为介质的高效研发方式。此外，平台还支持业务功能组件化和微服务发布，支持组件热插拔和自动化一键式发布，提升了应用研发和投产效率。

在软件测试领域，中国银行通过打造自动化测试智能调度平台，统一管理并整合自动化测试资源，提高自动化测试执行效率和自动化资源利用率。平台在技术实现上，集成了各阶段自动化测试工具，实现了跨测试阶段、跨自动化技术的脚本复用；创立集中智能调度模式，实现任务并发执行，通过分布式发起方式，进行测试任务的统一调度和分发。该平台在中国银行中心测试部、开发部等相关部门得到推广使用。截至 2017 年底，平台推广应用到中国银行 16 个产品的多个测试场景中，涉及项目 49 个，累计执行案例数达 54409 个，节省工作量约占总体测试工作量的 8%。

上海浦东发展银行通过基于引擎驱动技术的性能测试一体化实施平台建设，将性能测试执行、性能监控、数据分析和展示相结合，实现了测试资源统一配置，测试过程规范化，测试结果标准化，减少人工操作，大幅提高工作效率。从研发服务引擎方面，实现性能测试全生命周期覆盖，提供完备的信息统计分析和展现功能；从采用快速算法逻辑方面，通过算法实现性能测试结果数据快速分析和脚本事务自动解析，实现测试快速交付；从实现测试过程规范化和标准化方面，分别对基准测试、单场景测试、负载测试等场景按照测试类型定义不同的过程产物和标准，保证交付质量。该平台核心算法和架构采用自主设计开发，截至 2017 年底，收效显著，在数据交互单个环节效率提升 200%，项目整体实施效率约提升 30%。

三、加强智能化建设，全面创新运维模式

银行灾备、网络基础设施始终是科技发展的基础支撑，也是业务安全稳定运行的前提保障。商业银行在保障系统平稳运行的基础上，加强智能化、自动化的投入，全面提升信息科技运维手段的多样性，分别在技术领域、应用场景、资源管理、故障诊断预测、决策创造等方面，不断提升银行运维效率。

中国光大银行积极探索网络领域前沿革新技术，在多活数据中心环境下，结合大数据运维分析平台，成功构建了广域网、数据中心互联网络解决方案以及数据中心 SDN（软件定义网络）智能网络，建立基于 SDN 技术实现多活数据中心智能化网络管理平台。该平台在技术应用上有如下特点：一是采用 SDN 技术实现多中心资源灵活整合，实现多中心多活网络部署和统一管理；二是基于 SDN 控制器智能算法，网络自动化配置和流量调优部署，实现了基于应用驱动的网络架构；三是通过广域网 SDN 技术实现了流量精细化管理，通过 SDN 技术实现以应用为单位的一级骨干网流量调度，快速满足业务各类需求；四是通过应用关联分析、网络信息记录和策略分析检验等方式，提升应用流量的可视化管理能力；五是实现软件定义安全，支持基于应用的网络安全容器；六是基于自主研发的智网平台，实现了对多厂商 SDN 控制器整合与多品牌设备驱动，通过与云管理平台整合，实现以应用为视角的网络服务自助交付。

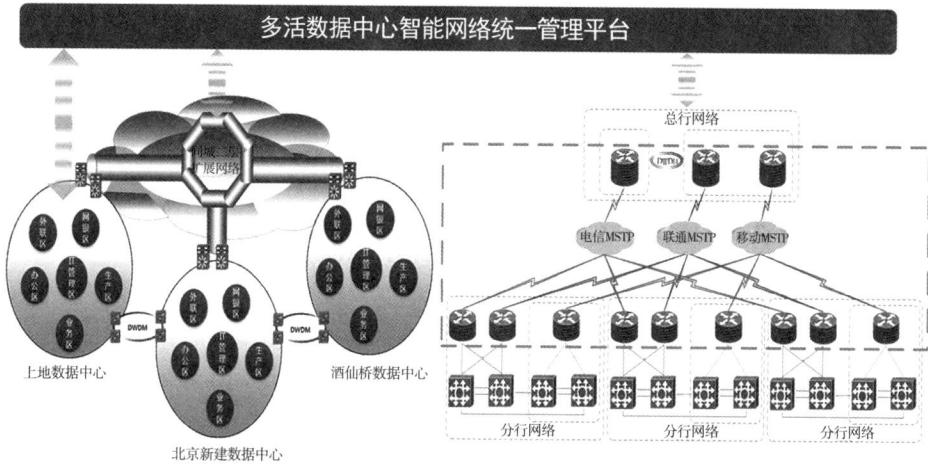

图 6 – 5　光大银行多活数据中心智能网络部署架构

　　该平台在中国光大银行总分行广域网、总行同城三个数据中心和异地灾备中心得到全面应用，平台集中管理和驱动全行 10000 余台网络设备，实现对全行 160 条广域网线路资源的精细化调度与管理，"端到端"自动化快速交付提升网络运维效率，每年节约总分行广域网专线费用约 1000 万元，切实解决了银行业网络管理共同面临的难题，为银行业 SDN 建设提供了成熟完整的解决思路。

　　中国银联通过建设基于企业级微服务架构的异地灾备智能化运维平台，不仅完成容灾平台的云迁移部署，同时也实现了运维方式的转变，是对基于云平台和智能化算法应用在异地灾备系统运维的一次探索。该平台具有五大技术特点：一是基于企业级微服务架构，采用"拟社会化"的分布式设计融合大数据、小数据的算法集，将算法包装成微服务，供系统组件调用；二是分层松耦合架构设计，架构清晰，扩展性强，各层之间交互简单高效；三是提出完整的灾备智能化运维模型，从智能化资源管理、智能化故障预测、智能化多维决策与智能化故障处理四个角度实现对用户 7 × 24 小时的持续业务支撑；四是建立 IT 系统运维知识活动模型，融合多种知识表示方法，支持快速建立复杂的 IT 系统知识库；五是基于大数据分析算法开展灾备处置与预测，研发 IT 系统故障的实时监控和预测工具，通过日志文件中异常因子强度指数历史比对，预测系统发生故障的可能性。

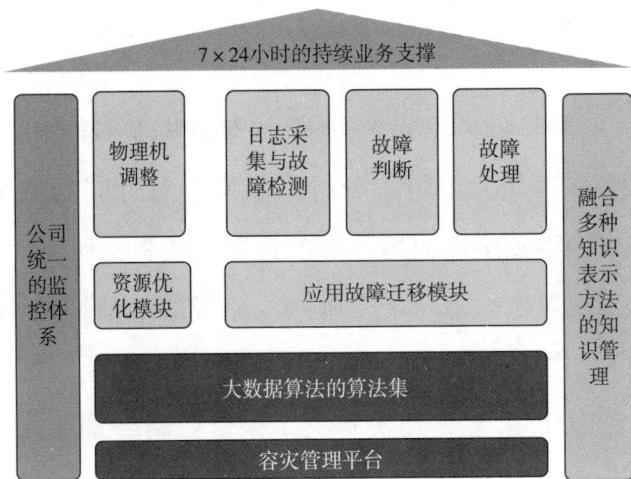

图 6 - 6　中国银联异地灾备云平台运维概念模型

异地灾备云平台从分析系统运维知识活动出发，对运维知识活动模型化梳理，通过对微服务及应用故障迁移，提升了运行工作效率和可靠性，减小了运维的操作风险，降低维护成本，增强企业应对运维问题的处理能力。同时，为我国银行卡交换系统安全、稳定、可靠、不间断运行提供了运维支持，对于整个社会的经济繁荣、社会稳定也有一定的意义。

中国农业银行通过管控体系的建设，重点解决批量运行安全管理，达到批量运行安全管理"科学高效、预警及时、决策有据"的目标。该管控体系基于大数据分析实现节点异常定位，从数据特征入手，挖掘节点运行规律，提升异常定位准确度。根据数据特点动态调整平常业务时间、特殊交易日等场景的批量阈值，采用拓扑结构和单点调试策略优化跑批时间。该项目应用取得良好效果，批量异常定位效率显著提高，准确率大为提升，系统运维时间成本和人工成本大为减少。

招商银行自主研发跨平台高可用数据复制服务平台，实现了异构数据库产品和跨数据库版本的数据复制和数据比对功能，提升银行业务系统的扩展性和业务连续性水平，有效降低了 IT 投资成本。该平台采用轻量级数据复制技术，基于数据变化时间戳或序列的方式设计数据复制引擎，实时采集增量数据，且不受服务器平台及数据库日志格式的制约。该平台支持实时比对，将数据库复制和比对相关的操作封装成原子化模块，并支持流程编排、灵活定制，适用于各种高可用架构部署与管理流程。自该平台推广以来，多重数据比对机制有效保证数据一致性，数据库复制管理方便、监控完善，可以快速、稳定、方便地为业务系统提供数据复制服务。

平安银行为提高系统可用性和提升用户体验，实现从"被动运维"向"主动运维"发展，开展了基于机器学习的交易性能综合监控分析平台项目，将大数据和机器学习等技术运用在运维监控领域，加强监控主动发现能力，为异常事件的事前预防、事中快速反应、事后回溯分析提供有效支持。该平台应用成功避免了多起交易性能事件的发生，缩短异常发现时间约 20 分钟/次，每年减少可能发生的经济损失数千万元。

第三节　加强理论研究，完善科技治理机制

银行科技治理是确保信息科技战略与业务发展目标一致，提升银行业核心竞争力和可持续发展能力的关键保障。随着金融科技应用水平的不断升级优化，银行科技的治理组织架构、技术架构、运行机制、科技风控方法等都面临新的挑战。为了更好地适应新技术发展带来的转型机遇，规模化金融科技经济效益，银行业主动探索，在科技治理理论与实践探索的道路上，不断加强理论研究与实际结合，完善科技治理机制。

一、建设金融行业标准，迎接开放互联时代

由中国农业银行牵头，中国金融电子化公司、中国工商银行参与制定的国家标准《银行客户基本信息描述规范》（GB/T 31186），是银行客户基本信息的描述模型，促进了银行业客户基本信息标准化和规范化，为提升银行业客户信息治理水平奠定了基础。

《银行客户基本信息描述规范》标准共包括 5 部分，第一部分给出了银行客户基本信息的描述模型，建立了在以客户为中心的理念下对银行客户基本信息进行描述的机制，将客户信息的属性分为"单/多"和"应有/可有"两个维度，并建立了与客户唯一标识的关联模型，给出了不同种类属性之间变换的规则，提出了用代码描述客户信息的指南，用于具体指导工程实施；标准的第二至第五部分规范了部分通用的客户信息，其中第二部分全面考虑了客户名称的

各个要素，并确保中国各民族命名方式的公平；第三部分给出了对各类能够唯一定位客户的识别标识的概念和便于扩展的记录规则，建立了通过各类有效的识别标识唯一定位一个客户的方式；第四部分和第五部分分别规范了对地址和电话号码的描述，实现了客户地址和电话号码不受限制地记录且避免了大量无效冗余信息的方案。该标准的创新点在于：一是确立银行客户基本信息描述规范原则，通过构建通用框架，将实体转化为属性，具备动态扩充能力，符合现有国家法规和部门规章要求，并能贯彻实施；二是确立银行客户基本信息逻辑模型，界定了银行客户基本信息的相关概念与术语；三是确立对客户名称的共识，明确银行客户名称及其关系，提出了采用汉语拼音界定姓名的模式；四是确立了标识客户的方法，建立了通过各类有效证件号码、银行账户号码颁发的既非证件也非账户的识别标识；五是形成了对如何表示客户地址和电话的共识。

该项目从规范银行业客户基本信息的实际出发，经过自主研发，形成国家标准《银行客户基本信息描述规范》（GB/T 31186），促进了银行业客户基本信息标准化和规范化，为提升银行业客户信息治理水平奠定了基础，该标准有效指导了中国农业银行新一代客户信息系统的建设。

二、完善理论体系研究，优化科技管理实践

科技管理工作是科技治理落实的关键保障，随着技术的发展变化，如何量化评估组织的科技管理水平，并通过评价反向促进科技管理能力的提升成为银行业关注的焦点。科技管理经验从实践中来，再经过不断的验证总结来指导实践，体现了科技管理道路上对科技

工作的不断探索。

中国建设银行在银行科技治理的探索中，着眼未来科技发展，以企业级视野为出发点，建立与创新引领相适应的 IT 治理体系，包括自顶向下的 IT 规划，与 IT 治理相适应的制度体系、组织架构体系和一系列规范信息化建设 IT 管理办法。

中国建设银行信息化治理方法与实践的主要创新点体现在：一是治理创新，作为银行 IT 治理变革与信息化建设融合产物，打破传统竖井式、部门级的管理模式，建立了协同工作的矩阵式组织架构；二是方法创新，形成以组件为驱动的信息系统建设方法，实现企业级工程实施方法的转变；三是流程创新，构建了覆盖需求、架构、开发、测试、投产、运维等过程的全流程一体化的管理体系，实现 IT 研发、测试、运维集成；四是平台创新，基于全生命周期 IT 管理模型，研发了一套企业级、覆盖全生命周期、承接新一代管理方法的 IT 开发和运维管理平台；五是思想创新，从企业级视角出发，统筹资源，组织布局，实现业务发展与信息化建设的协同一致。

该方法论指导了中国建设银行信息化建设，截至 2017 年底，完成了 100 余个项目的研发及上线切换，将原有 27000 多个业务功能，通过业务模型整合推出 10000 多项新功能，再造 1800 余个业务流程，同时节约了项目成本，项目管理团队减少了 10000 多人月工作量，实现从部门级需求向企业级需求的转变，以及定性管理到定量管理的转变。

国家开发银行组织实施 IT 流程可视化治理指标体系研究及实践，借鉴钱学森教授的广义系统理论，设计包含 9 个系统子类的 IT 信息系统体系模型，模型分类方法规范、体系架构完备、可扩展性强，能够有效满足对 IT 信息系统进行全口径、标准化管理要求；设计包括 12 个指标域的 IT 关键业务指标体系模型，从价值、风险、效率三个维度综合平衡设计 IT 管理量化度量指标，指标设计融合成熟度模型，平衡记分卡等 IT 管理能力定性、定量度量方法，指标度量维度全面涵盖时间、进度、数量、风险、状态等 IT 管理关注点，并以直观、可视的标准图元进行指标展示，模型设计针对性强、易于理解应用；借鉴人工智能推理框架，设计以关键业务指标落地为指导 IT 流程梳理和优化的模型方法，模型以 IT 关键业务指标为输入，以 IT 业务流程总图为推理框架，逆向推理指标关联流程和管理活动，较传统 IT 流程建模方法，该模型对 IT 管理提升点的定位更加准确、迅速。

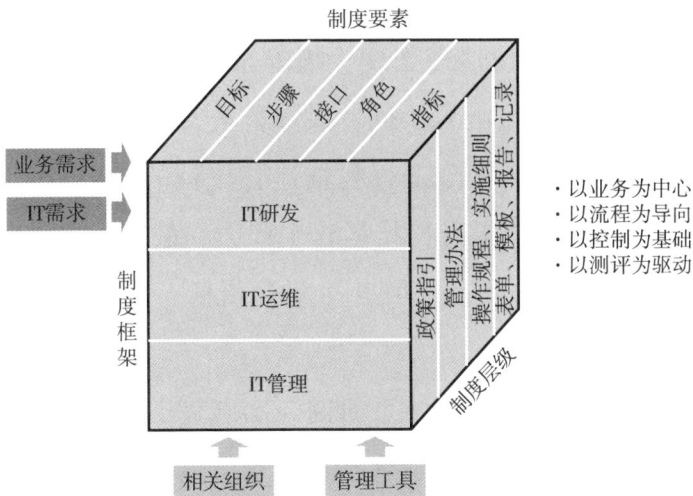

图 6-7　国家开发银行 IT 治理制度体系

该课题 2017 年通过 IT 全流程项目群建设，进行模型落地和验证，形成了覆盖全部 23 个 IT 治理领域的 500 余项关键业务指标，完成对 150 余个关键业务指标的图形化展示；完成对规划、需求、项目、外包等 100 余项业务活动的数据标准化建模，建立覆盖应用系统、中间件、数据库等 9 大 IT 信息系统的 IT 架构资产清单，厘清 IT 管理家底，保证全行按照统一口径开展 IT 建设管理活动；将监管要求、行业标准、管理指标落地到具体 IT 生产流程中，实现业务手册电子化落地，实现 IT 管理领域的系统全覆盖，有效提升 IT 管理能力。

光大银行基于科技运营一体化管理的体系研究与实践课题，是以科技运营支撑平台为依托，驱动银行科技运营全生命周期的闭环管理体系落地，涵盖组织架构、管理办法、规章制度、流程制度、评价考核和工具支撑等一系列管理流程。该项目以数据为载体，面向"科技运营全流程"的一体化管理，打破信息孤岛，实现流程和数据的融合。完善科技治理架构，统筹全行科技运营流程一体化，实现科技管理的跨领域高效协同，保障科技管理流程体系的落地执行，通过电子化手段，实现全行科技运营流程的线上化、指标的可视化、执行的标准化，提升科技运营生产力。截至 2017 年底，修订完善 148 项制度办法，构建了 974 个量化指标，完成了 64 个科技业务对象的标准化。

招商银行信息科技评级体系研究与实践课题，是从量化评价维度对信息科技组织的科技管理水平进行定义的典型代表。该课题在科技评级模型和指标设计中，大量借鉴了监管规定、科技界成熟管理方法论、银行内部信息科技相关制度规范和分行科技实际情况，形成科学客观可量化可落地的评级模型和评级体系。信息科技评级体系在实施中，将招商银行全国各分行的信息科技主要工作模型化、指标化，每年通过开展科技评级活动，采集被评价单位的科技工作信息，将获取的科技运营数据输入评价模型，由专家评委参照指标标准进行评价，形成对被评级单位信息科技能力的定级评价。通过对模型权重、评价结果的量化以及以此开展的针对性评级辅导，有效提升了被评价机构的管理能力和技术水平，通过数据积累、案例汇编和构建自动化管理平台，提升了管理效率和智能化水平。

第四节 小结

银行信息科技与业务相伴相生，紧密结合。信息科技在助力银行业务提质增效，建立核心竞争力等方面发挥着重要作用。重视自主创新，着力打造信息科技安全支撑能力，是立足业务长远发展的根本所在。重视安全建设，就是强调在对新技术新产品的消化、吸收的同时，能够实现效率与安全兼顾、真正做到技术为我所用，在实践中发挥技术平台优势，提升科技原动力，持续不断为业务提供支持。中国银行业立足信息科技自身能力建设，通过加强开发运维系统建设，提升系统安全稳定运行能力的同时，加大自主技术研究力度，提升安全可控水平，强化信息科技治理能力，提升精细化管理水平。

第七章 强化产品与技术集成创新，提升人民币防伪能力和印制质量

　　随着人民生活水平的不断提高，公众对人民币防伪能力和质量水平提出了更高的要求。印钞造币行业不同于一般的工业行业，其所生产的产品也不是一般的工业产品。人民币、纪念钞和纪念币不仅是国家法定货币，关乎国计民生、金融稳定和国家安全，也同时承载着社会、历史、民族和审美等诸多文化特性，是集技术、艺术、人文于一身的"艺术品"。

　　隶属于中国人民银行的中国印钞造币总公司，是集人民币设计、研发、印制和全生命周期服务，以及致力于货币文化产业发展和货币信息化研究的国有企业。中国印钞造币总公司坚持问题导向、市场导向和民生导向，以提升人民币质量为引领，聚焦新产品开发和防伪技术研发等关键业务领域，全力推动人民币产品创新与科技创新，为人民银行的货币发行工作提供了坚实保障。

第一节　推动技术集成应用，优化新产品开发体系

　　我国印钞造币行业坚持创新引领发展战略，全面构建以产品为

中心、以技术为支撑、以大生产为落脚点的创新体系，充分发挥科
技在行业高质量发展中的驱动作用。我国印钞造币行业瞄准未来行业
重点技术研究方向，充分吸收国内外先进产品设计理念和元素，持续
推进科研开发和成果应用，逐步形成以产品为中心的研发格局。一批
集新材料、新技术、新工艺和新设备于一体的新产品相继问世。"中
国航天纪念钞"和新版贺岁普通纪念币，即是其中两颗耀眼的明星。

　　为庆祝中国载人航天取得的伟大成就，展示中华民族实现"中
国梦"的决心和信心，中国人民银行发行了"中国航天纪念钞"。该
纪念钞一经面世，便引来社会各界一片赞誉。该纪念钞首次采用正
面横版、背面竖版的设计方式，通过跨越时空的设计概念，将钞券
艺术与技术完美融合。中国航天之梦，通过一张小小的纪念钞，以
一种全新的姿态，完美呈现在公众面前。

图 7 - 1　　"中国航天纪念钞"

　　在"中国航天纪念钞"设计筹划之初，为充分反映中国载人航
天伟大成就，深度挖掘票面题材，中国印钞造币公司与中国载人航
天工程办公室、中国航天科技集团等单位进行多次面对面交流。其
间，听取中国航天人讲解航天故事、喷气式飞机飞越高度、宇宙飞

船飞行轨迹和宇宙天体关系等，并现场观看神九天宫交汇对接模拟和中国未来空间站 3D 效果，从感性上认识和了解中国航天事业的发展历程和现状。经过 20 多次的深入沟通交流与评审，中国印钞造币设计创作团队逐步梳理出正背面设计构图的两条主线：正面以时间为主线，展示远古探索与现代成就；背面以空间为主线，表达人类飞行不断跨过的新高度、新境界。正如物理学家将时间与空间结合起来，创造了"光年"这个有趣的概念一样，设计团队从 50 多个设计师共 200 幅设计作品中，不断优化调整，凝练出中国航天纪念钞"跨越时空、逐梦蓝天"这一核心主题。

在纪念钞的防伪技术设计方面，按照对标国际一流的总体要求，中国印钞造币从国内外 50 多项新技术中遴选出 18 项新技术开展产品化研究试验，并最终将凹印对印、双色动感光变安全线和环保水性工艺等 10 多项具有自主知识产权的新技术实现集成应用。这些新技术在一张票面上的交织融汇，既是对我国印钞造币行业从设计制版、材料研发、光学研究、基材研制、印刷实现再到机读检测等多环节、全方位的技术集成考验，也推动了新材料、新技术、新工艺和新设备的试验与应用。2016 年 5 月，"中国航天纪念钞"获得 IACA（国际货币事务联合会）颁发的最佳新钞创新二等奖；同年 12 月，获得 HSP 国际高级安全会颁发的亚洲最佳纪念钞奖。

此外，在人民币硬币产品研发方面，贺岁系列普通纪念币（以下简称贺岁币）作为我国迎接新年纪念的硬币产品，自 2003 年发行以来，因其具有浓郁的中国特色和喜庆的节日主题，深受广大百姓和收藏者的喜爱和追捧。在首轮贺岁币发行接近尾声时，亟须研制一套同系列产品来持续高质量满足庆祝中国传统节日的民生需求。

另外，现代科技发展日新月异，首套贺岁币的防伪技术也面临着换代升级需要，新一套贺岁币的研究迫在眉睫。

在首套贺岁币生产发行的十年间，中国印钞造币总公司研制储备了多项防伪技术和多种新型造币材料。将这些新技术、新材料集成应用于新版贺岁币的设计和开发，能够有效提升我国普通纪念币整体的技术含量和质量水平。在经过为期两年半的潜心研究后，不仅成功打通新品研发到大生产实现的全工艺流程，有效地延续了贺岁币的产品使命，而且还积累了宝贵的研发和管理经验，为后续新产品的开发奠定了良好的基础。

双面隐形图文

微缩文字

斜全齿间隔半齿

三层复合材料

图 7 - 2　新版贺岁币（猴币）防伪技术应用

在艺术表达方面，新版贺岁币图案设计以中国传统节日的喜庆、祥和气氛为背景，充分展现中国传统文化以及国泰民安的良好祝愿。产品图案和浮雕设计以展现中国文化魅力、增强民族文化自信为目标，采用了我国传统文化中的民间剪纸、花灯和装饰植物等元素，图案设计充分运用了装饰、剪纸等艺术语言，显著提高了产品的艺术表现力和文化内涵。

在防伪技术方面，新版贺岁币通过对产品结构、材质、边部和图案防伪等方面的系统研究，提出一种集多项先进防伪技术于一身的技术解决方案，有效提升了产品的综合防伪能力。新版贺岁币综合运用了双金属结构、斜全齿间隔半齿、隐形雕刻、微缩文字、三层复合材料和精细图纹等多项防伪技术，具有较高的大众防伪水平和新颖的视觉效果，特别是其机读性能独特、抗变色能力优良，充分体现了我国造币业的技术能力。

在产品实现方面，新版贺岁币解决了多项防伪技术之间综合集成应用的兼容问题，确定了最优的带料加工、坯饼冲制、模具制作和成品压印等各个工序的工艺技术参数。

目前，新版贺岁币累计生产5个品种17亿枚产品。产品发行后，获得了社会公众的广泛认可和喜爱，取得了良好的社会效益和经济效益。2018年，在德国柏林世界钱币博览会上，新版猴年贺岁币斩获克劳斯"最佳流通币"奖，这是我国首枚非贵金属材质的获奖硬币产品，标志着中国流通币在设计的艺术性、工艺技术的精湛度、生产与质量控制的精细化等方面赢得了国际同行的认可，其制作水平达到国际先进。

"中国航天纪念钞"和新版贺岁币作为以产品为中心推动技术集成应用的核心成果，既充分吸收了国内外先进的设计理念和元素，彰显出中国改革开放的辉煌成就和深厚的文化底蕴，也展示出中国印钞造币全产业链集成创新的效率与质量，是中国货币研发水平的集中体现。

第二节　加强基础技术研究，聚焦底层解决方案

要全面提升产品设计开发能力，就必须以世界一流货币为标杆，整合国际、国内技术资源，聚焦技术痛点和空白点，提升基础技术

研究力度，强化源头式创新能力，发挥科技创新引领作用，不断加大新工艺、新材料和新设备的技术储备，提高技术成熟度，以一流技术成就一流产品。

光学防伪技术是当前各国发行新钞票必备的防伪要素。光变技术在观察角度改变时可实现不同鲜艳颜色间的转换，非常易于公众识别和记忆，因此成为国际主流的光学防伪手段。近十年来，在各种光学防伪产品中，光变安全线的使用增长最为迅速，目前，约有70个发行机构在约200种面额的钞票中采用了光变安全线。此类光变产品镀层的厚度仅为几十到几百纳米，大批量的生产必须利用卷绕式特种沉积设备和特殊生产控制系统，而且由于镀层的厚度薄、蒸镀温度高、厚度均匀度要求苛刻，国际上核心光变技术及其生产工艺，一直以来为少数公司所控制。国内相关设备和工艺发展缓慢，尚无法进行高质量产品的批量生产，这从根本上限制了光变集成防伪技术的研究和产品开发。

为此，我国印钞造币行业通过大胆创新、不断摸索，深入开展了光变集成防伪技术和产品化研究。通过引进卷绕蒸镀生产设备，加强自主研发，完成了高质量光变产品蒸镀工艺的开发，实现了大批量光变产品的生产和集成应用。在技术研发过程中，研发人员以卷绕蒸镀设备为开发平台，攻克了介质材料在高速度、高精度和长时间状态下的稳定蒸镀以及产品缺陷率高等一系列工艺技术难题。同时借助纳米光学理论和自主开发的核心算法，实现了镀层与微结构的集成创新设计，开发出双色光变、光变隐藏再现、彩色微文字和偏振光变等多项新防伪特征，技术成果达到了国际同行的研究水平。

　　在光变集成防伪技术和产品研发期间，共申请中国发明专利 8 项、PCT 专利 2 项、计算机软件著作权 1 项；撰写 4 万余字的专业研究报告，在行业期刊发表研究论文 2 篇，在国际会议发表论文 2 篇；参与国际会议 3 次，均作英文大会演讲。该技术已成功应用于"中国航天纪念钞"和"中国银行（香港）百年华诞纪念钞"等多项钞券产品中。

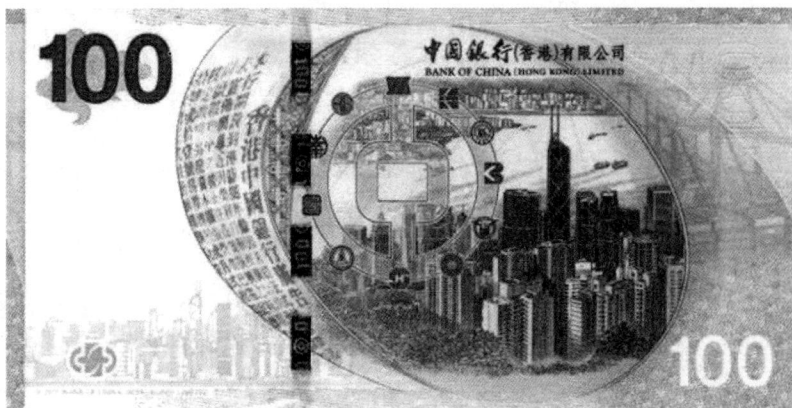

图 7-3　中国银行（香港）百年华诞纪念钞（背面）

　　此外，在制版工艺研究方面，我国印钞造币行业在原有凹印和干胶印工艺技术基础上，通过对国际最新数字激光制版系统的引进、消化、吸收和再创新，开展版纹设计技术研究、制版技术和工艺研究、印版印刷适性提升研究等课题，建立了一套完善的数字化激光制版工艺平台，形成了全面数字化激光直接制版工艺体系。研究成果相继应用于印钞行业多项新产品的原印版生产中，取得良好的印刷效果。

　　在纸基防伪材料研究中，我国印钞造币行业通过水印与安全线的组合设计，不仅将安全线与纸张纤维之间的关系表现得更为清晰，明显区分于印刷仿造效果，而且实现了新的组合防伪效果，有效地增强了纸张的防伪能力。该技术已成功应用于"上海宝信防伪科技有限公司系列印刷品"上，首次生产批量达 10 吨。

上述研发成果从设备、工艺和材料等基础技术需求为出发点，聚焦构建底层技术开发平台，为未来技术成果的推陈出新搭建了研发、试验和生产所必备的技术条件，为培育具有全球竞争力的世界一流企业奠定了坚实的物质基础，确保我国印钞造币行业可持续发展。

第三节　开展综合技术攻关，重塑场景应用体系

我国印钞造币行业始终秉持"源自印钞造币，必然与众不同；印钞造币出品，必然不同凡响"的企业理念。对"高品质"的不懈追求，必然要求其所生产的产品精益求精、无可挑剔，必然要求其能够以最先进的技术赋予产品生机与活力。面对复杂的内外部环境和艰巨的生产、发展任务，我国印钞造币行业瞄准现实生产场景和产品应用需求，开展多领域综合技术攻关，不断加强技术创新、工艺创新、产品创新和管理创新，不断推出高品质的技术成果。

在人民币生产过程中，小张清分机的机检误废量和对印刷废控制能力是衡量生产效率的重要指标。随着我国进口清分机功能的全线升级以及国产清分机的生产，为进一步降低误废量，小张钞票质量二次核查系统的研制需求显得尤为迫切。小张钞票质量二次核查系统通过对清分机实时输出的废品图像进行深度检查，在保证新工

艺要求和机检效率的前提下，减少过程环节，最大限度地减少误废量。同时，该系统通过与配套子系统的集成联动，形成质量检查信息闭环，为质量管控提供完整的信息流，做到"统一工艺流程、减少重复检测、提高企业生产效率"。

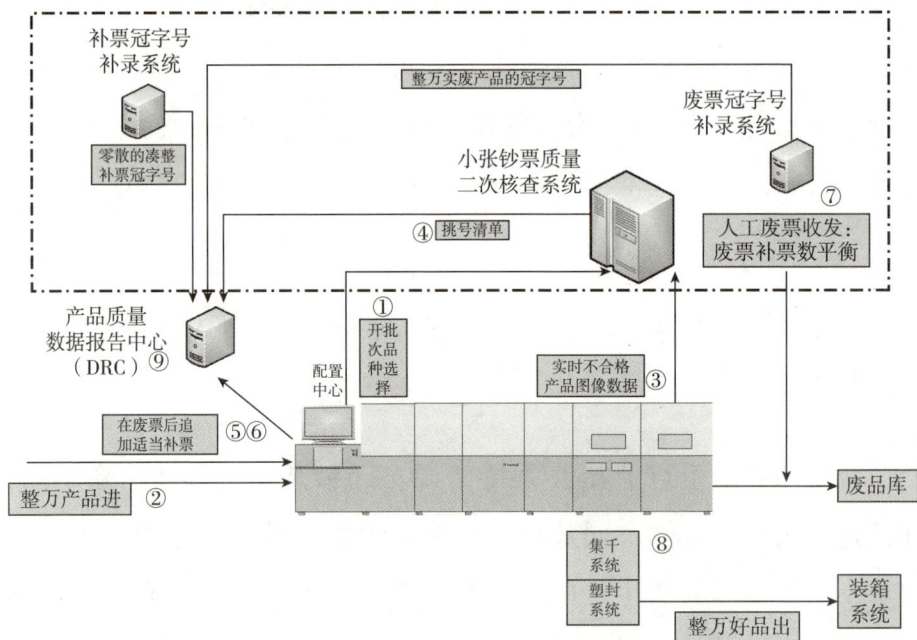

图 7 - 4　小张钞票质量二次核查系统工艺流程图

小张钞票质量二次核查系统集先进的机电技术、计算机技术和软件算法于一身，包括图像数据转发子系统、实时任务调度子系统、图像自动判定子系统、图像人工综合判定子系统、图像建模子系统、数据报告系统和 OCR 阅读子系统等 7 个子系统，具备高性能的钞票质量检查和处理能力。

在检测工艺和技术方面，小张钞票质量二次核查系统采用"三线同步"检测模式、多节点可浮动扩展技术、多种图像算法和冠字号双向验证功能，有效提高了系统检测速度和硬件配置灵活性；同时该系统支持多种运行模式，各模块可根据不同生产工艺灵活裁剪，最大限度地保证了产品数字安全，对于保障人民币的生产和发行具有重要意义。该系统适应我国生产工艺特点，拥有自主知识产权，其各项功能和技术指标满足生产和质量控制要求。截至 2017 年底，小张钞票质量二次核查系统在我国印钞造币行业已成功部署 43 套，共节约生产成本 4035 余万元。

此外，在金融应用领域的前端，我国印钞造币行业通过开展 PBOC 新规范（PBOC 3.0）卡片产品的研究与开发，顺利完成了银行卡芯片的研发和综合运用工作。2011 年 3 月，中国人民银行发布《中国人民银行关于推进金融 IC 卡应用工作的意见》，决定在全国范围内正式启动银行卡芯片迁移工作；2013 年 2 月，中国人民银行正式发布《中国金融集成电路（IC）卡规范（V3.0）》（以下简称 PBOC 3.0），全面推广实施芯片银行卡。

中国印钞造币总公司是国内最早专业从事磁条卡、芯片卡生产、研发和销售的公司之一，曾参与 PBOC 1.0 和 PBOC 2.0 规范的建设工作，在芯片卡研发、实施和应用等方面具有丰富经验。在 PBOC 3.0 发布后，作为该规范编写的核心厂商，我国印钞造币行业通过对规范的透彻理解和创造性运用，首批推出了符合 PBOC 3.0 要求且功能完备的智能卡产品。该产品不仅开发了满足应用要求和扩展要求、同时支持接触与非接触接口的双界面 IC 卡，而且实现了 PBOC 3.0 特有的非接触式 IC 卡小额支付扩展应用功能和电子现金双币支付应用功能，提供了基于 Global Platform 2.1.1 平台的 PBOC 3.0 卡片产品安全下载方案和应用个人化解决方案。通过产品应用攻关和工程化试验，PBOC 3.0 卡片产品覆盖了金融 IC 卡所需的主流技术与拓展应用，在金融市场领域为银行客户提供了更多质高价优的产品选择。

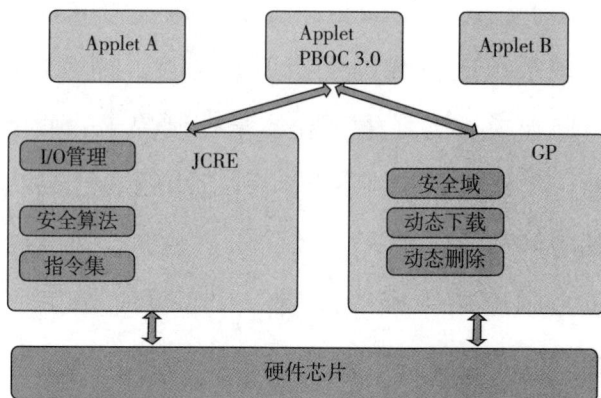

图 7-5　PBOC 3.0 卡片产品架构图

PBOC 3.0 卡片产品已经顺利通过中国工商银行、中国银行、中国建设银行、中国农业银行等商业银行的招标入围技术测试，并广泛应用于中国邮政储蓄银行、中国银行、中国建设银行、中国光大银行、上海浦东发展银行、中国民生银行和各城市商业银行等金融机构。其间，PBOC 3.0 卡片产品还拓展在交通、政务等行业领域的应用，推动金融 IC 卡在各行业多应用产业化的实践与发展。2014 年至 2016 年，PBOC 3.0 产品累计发卡数量达 9000 万张。

在企业信息化领域，中国印钞造币总公司开展了中钞行业数据共享系统的研究与开发工作。该系统按照统一标准规范、统一资源规划和统一技术架构的原则，以"逻辑上高度统一、开放共享，物理上合理分布、分工合作"的运行机制构想，从顶层设计角度提出了我国印钞造币行业信息资源的规划统筹管理方法。在系统运行中，该系统在全产业链范围内各企业、各大工序间建立起数据交换、共享机制，实现了信息资源管理、基础数据采集与传输、数据仓库建设、数据展现与分析等多个业务层面统筹管理。

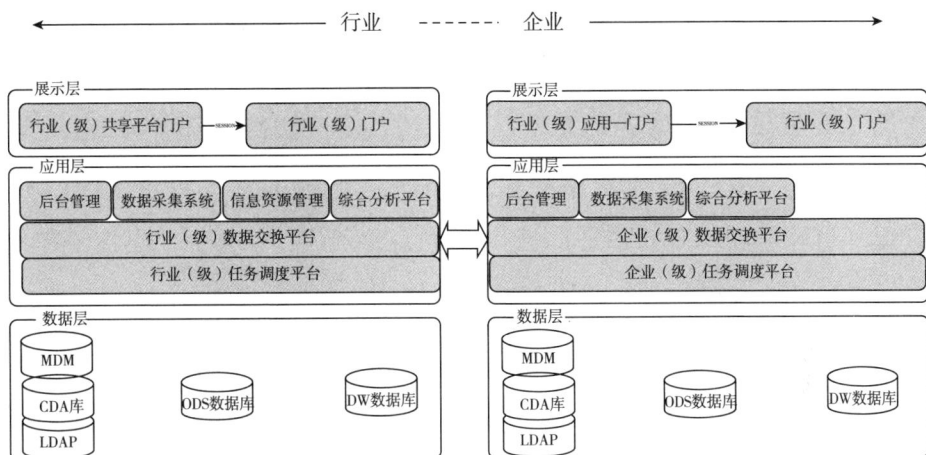

图7-6 印钞造币行业数据共享平台应用架构图

具体到行业生产、管理实际中，中钞行业数据共享系统构建了印版、油墨、安全线、印钞、造币、造纸、造机、银行卡、银行机具和安全印务等在内的多专业、全产业链数据资源的统筹管理体系；建立了我国印钞造币行业数据标准，设计了覆盖各专业的职能域、数据元素、指标、信息分类、编码规则和编码信息资源管理体系，为构建行业业务基础信息库、实现行业数出同源奠定了坚实的基础。该系统共取得3项计算机软件著作权，填补了我国印钞造币行业在信息资源管理方面的空白。

此外，根据国务院取消银行票据凭证印制管理行政许可的要求，在中国人民银行颁布的《银行票据凭证印制管理办法》指导下，我国印钞造币行业构建了基于互联网技术架构的银行票据印制管理系统。该系统根据各类银行票据征订、印制、发运和结算等实际情况，结合各银行票据印制企业印制运营的实际状况，提出了银行票据新印制管理模式，开展了银行票据印制管理改革及支撑平台建设工作。通过该系统的研究和实施，构建了新的银行票据印制管理制度体系，重塑了管理流程，有效提升了银行票据管理能力与防伪信息化追溯水平。截至 2017 年底，该系统已经承担了 11 次全国范围内的银行票据集中征订工作，完成支票征订量 367917 箱、本票征订量 3850 箱、汇票征订量 39219 箱。

人民币、金融 IC 卡和银行票据等有价产品的质量是实现金融稳定的关键因素，实现产品质量零缺陷，也是我国印钞造币行业始终遵循的第一要务。围绕产品研发、生产和运用等实际应用场景，开展技术创新、工艺创新和管理创新，有效重组、优化现有资源的使用效率，能够不断提升产品质量和应用水平。

第四节　小结

多年来，我国印钞造币行业始终以高质量发展为主线，将"质量第一"作为企业发展的核心理念，以技术研发创新为第一动力，以深化改革、强化管理为重要支撑，为把中国印钞造币总公司建设成为具有全球竞争力的世界一流企业不断求索。未来，中国印钞造币将结合行业转型发展战略规划，凝心聚力，深化科技创新，把握核心技术主动权，在确保国有资产保值增值的同时，做强、做优、做大我国印钞造币行业，进一步提升保障民生、保障货币发行的履职能力。

结束语

当今世界正处于百年未有之大变局，世界多极化、经济全球化、社会信息化、文化多样化深入发展，全球治理体系和国际秩序变革加速推进，国际社会形态、经济格局和竞争态势正发生着深层次变化。随着全球化竞争的持续演进，数字化发展的持续变革，银行业的竞争态势更加激烈且复杂，信息化作为核心竞争力和转型推动力，从星星之火到全面开花、从场景应用到生态构建、从基础支撑到引领变革，必将成为推动银行业高质量发展的新动力、新引擎。呈现以下趋势：

从技术发展来看，金融科技融合日新月异。金融场景和新兴技术进一步深度融合，服务理念、经营模式、产品创新持续转型升级。移动互联技术使得传统金融业务具备透明度更强、参与度更高、协作性更好、中间成本更低、操作上更便捷；云计算技术使计算资源高度共享，提高行业资源使用效率；大数据技术使海量数据中蕴含的价值得以展现在世人面前，提高资源配置效率，扩展资源配置范围；人工智能技术通过算法与模型的发展，使大数据分析结果能够指导决策甚至预测未来；物联网技术将虚拟经济和实体经济连接，风险管控的可靠性和效率将得到明显提升；区块链技术应用更接近金融信用的本质，使得流程信息更加公开透明，在保护用户和机构数据隐私的基础上提高业务的安全性；随着 5G 技术的大规模应用，工业互联网、产业互联网或将产生革命性变革，量子计算或将成为下一次工业革命的发动引擎。这一系列新兴技术的持续发展、互相促进、交替商用还将带来人机交互方式、数字化信任体系等领域的持续革新。

从转型趋势来看，银行业全面布局数字化。国有大型商业银行纷纷明确提出了数字化战略，从工商银行的 e - ICBC、农业银行的"金融科技＋"、中国银行的科技引领数字化发展战略、建设银行的"最具智慧的银行"、交通银行的"数字化、智慧型交行"，大型国有商业银行的数字化转型大幕已经拉开，股份制商业银行的数字化转型步伐更快、更加多元，正在通过内部开展金融科技创新、广泛开展科技合作及直接投资金融科技公司抢占发展先机，以及构建综合平台、发展互联网交易银行、提供综合金融服务、打造金融开放平台等模式，积极推进数字化转型。

从风险防控来看，网络安全形势依然严峻。随着各类新兴技术在金融行业的广泛深入应用，银行业在为客户提供"无时不在"的金融服务的同时，也将放大信用风险、市场风险、操作风险等金融风险的外溢效应，再加上各种外部攻击渗透层出不穷，传统的风险控制措施难以全面、有效、智能地防范金融风险，构建安全可控的信息技术体系迫在眉睫。银行业将开展全面风险管理，不断完善业务全流程管理和风险防范机制，主动打造严密、高效、智能的风险管控体系，运用先进技术智能辅助风险审查和决策，推动金融机构风险管理由"人控"逐步向"机控"和"智控"转变，有效提升银行业风险管控水平。同时，银行业金融机构将通过自主创新、联合创新和消化吸收再创新的方式，持续加强安全可控技术的研究与应用，借助金融科技，运用大数据、机器学习等技术优化风险防控数据指标、分析模型，有效甄别高风险交易，提升网络安全防控能力。

从人才培育来看，科技队伍建设大有可为。科技强国战略是人才引领发展的战略，银行业信息化发展的核心也是人才，关键在于有效发挥人的积极性，激发各类主体创新激情和活力，其中，专业性、复合型的新型金融科技人才是各金融机构竞争的焦点。银行业将采取多种方式，以增强数字化思维和创新意识为重点，建立健全以产品能力、创新水平、价值创造为导向的科技人才评价体系，完善激励制度，综合运用绩效导向，加快形成有利于人才成长的培养机制、有利于人尽其才的使用机制、有利于竞相成长各展其能的激励机制、有利于各类人才脱颖而出的竞争机制，着力培养核心技术人才、技术管理人才、复合型工程实施人才和数字化创新人才，努力打造一支具有国际水平创新团队。

综上所述，面对新一轮科技变革历史机遇期，银行业将紧紧围绕服务实体经济、深化金融改革、防范金融风险三大任务，破解发展难题、增强发展动力、厚植发展优势，进一步掌握关键技术，提升核心竞争力，增强安全可控能力，不断催生新产品、新业态、新模式，为金融发展提供源源不断的改革动力、创新活力，奋力开启新时代银行业信息化建设和发展的新征程。

后 记

　　《银行业信息化年度成果报告（2018）》一书是年度前沿科技研究成果实践经验和思想见解的载体，凝聚了各相关部门和专家的心血，打造了行业内外技术共享与交流的窗口，相互启发、互相激励、不断提高；也见证了中国银行业信息化发展的不凡历程。

　　本书的顺利编著，得益于中国人民银行领导的高度重视。范一飞副行长亲自为本书做指导；科技司司长李伟担任编委会主编，编委会还邀请了各大商业银行的领导组成咨询委员会，进行全程指导和支持。

　　本书在吸收和借鉴国内优秀的科技成果的同时，还广泛参考了相关技术材料，经编写组共同研究、编写、修改后形成。特别感谢中国银行在编撰方面给予的大力支持，同时也感谢中国工商银行、中国农业银行、中国建设银行、交通银行、国家开发银行、中信银行、光大银行、华夏银行、中国印钞造币总公司的参与。本书成稿后，我们分别发往内容相关机构征求了审稿意见，并根据意见进行了认真修改完善，在此表示衷心的感谢！

　　囿于编者的学识和能力，书中难免存在疏漏和错讹，敬请各界专家和广大学者提出批评和改进意见，助力我们不断完善。

本书编写组
2019 年 6 月